国家出版基金项目
"十二五"国家重点图书出版规划项目

孙中山全集

第十五卷

题词遗墨

尚明轩 主编

人民出版社

总 目 录

第一卷　专论
　　前言
　　凡例
　　目录
　　正文

第二卷　文集
　　凡例
　　目录
　　　论著
　　　传记与回忆
　　　序跋
　　　祭悼
　　　祝词
　　　其他
　　　译著
　　　遗嘱
　　正文

第三卷　文告　规章
　凡例
　目录
　　文告
　　通电
　　启事(含声明、讣告等)
　　其他
　　规章
　正文

第四卷　函札(上)
　凡例
　目录
　正文

第五卷　函札(下)
　凡例
　目录
　正文

第六卷　文电
　凡例
　目录
　正文

第七卷　演说

凡例
目录
正文

第八卷　谈话
凡例
目录
正文

第九卷　公牍（上）
凡例
目录
正文

第十卷　公牍（中）
凡例
目录
正文

第十一卷　公牍（下）
凡例
目录
正文

第十二卷　人事任免（上）
凡例

目录

正文

第十三卷　人事任免（下）

凡例

目录

正文

第十四卷　外文著述

凡例

目录

正文

第十五卷　题词遗墨

凡例

目录

正文

第十六卷　索引　传略

凡例

目录

　索引

　传略

后记

凡　　例

一、本全集共收录孙中山现有著述11500余篇,按文体性质分类(含有多种性质的,据其主要倾向归类),依时间顺序编次,据类别和篇幅列卷。

二、日期与编次。底本有写作日期的,按原日期。无写作日期的,按最后发表日期,或通过考证予以判明;写作日期无从考证的,列于该类之末。著述日期统一采用公历,标于标题下方圆括号内。各卷原则上按时间顺序编次;卷内存在分类的,按各类时间顺序编次。

三、分类与列卷。根据类别和篇幅,分22类,列15卷:第一卷,专论(收录集中反映孙中山政治思想的5种著述);第二卷,文集(含论著、传记与回忆、序跋、祭悼、祝词、译著、遗嘱等);第三卷,文告规章(含文告、通电、启事、规章等);第四、五卷,函札;第六卷,文电;第七卷,演说;第八卷,谈话;第九、十、十一卷,公牍;第十二、十三卷,人事任免;第十四卷,外文著述;第十五卷,题词遗墨。索引和传略单独列卷,为第十六卷。

四、底本的选择。优先采用原始文件、影印件和初刊本;充分吸收现有各种图书报刊的文献成果,如中国社会科学院近代史研究所中华民国史研究室、广东省社会科学院历史研究室(所)、中山大学历史系孙中山研究室合编《孙中山全集》(中华书局1981—1986年出版),秦孝仪主编《国父全集》(台北近代中国出版社1989年版)。发表在不同图书报刊的同内容文献,有歧义之处的,经考证后取其一说,其余在注释中简要介绍;诸说并存的,选择最佳版本;文字内容虽有出入但各具特色的,原则上选择底本来源较权威者为主文,其余作为"同题异文"附录于后。

五、标题。原有标题的,一般保留,个别编者酌改;原无标题的,编者酌拟。标题文字以国家现行文字规范为准。标题中的人名一律统一为现行惯称,文中不另做说明。

六、注释。每篇著述,文末均注明所据底本。文内酌加的注释,均为页下注。人物有多个字、号、别名的,地名有多种译法的,原则上在该卷首次出现时加注,其后不注。【 】内的文字,系编者为避免上下文表意脱节或缺省所加的说明。

七、校勘与标点。文内明显的错漏,编者均予以校勘:订正讹字,置于〔 〕内;增补脱字,置于〈 〉内;衍文加［ ］;有疑误、难以确定的,用〔?〕表示;字句残缺或难以辨认的,用□表示。校勘、考释和外文翻译等,部分吸收前人成果,本全集一般不做具体说明。标点符号原则上执行国家现行规范。底本无标点或有标点但与国家现行规范不符的,均重新标点。

八、本全集中文为简体字横排,底本的繁体、古体和异体字,原则上统一为简体字,特殊含义者例外。第十四卷"外文著述",参考秦孝仪主编《国父全集》(台北近代中国出版社1989年版)编排。全集中插图及题词遗墨,一般据底本影印;质量较差的,适当修版或据原图重新绘制。

九、受时代局限,有的著述中使用的词语及字词用法和个别观点在今天看来欠妥,但因是原文固有,均不做改动。

目　录

为翠亨新居题联(约一八九二年) ……………………………………… 1

为中西药局题名(一八九三年) …………………………………………… 2

为兴利蚕子公司题联(约一八九三年) …………………………………… 3

为南方熊楠题词(一八九七年六月二十七日) …………………………… 4

书联络会党起义暗语(一八九九年秋) …………………………………… 5

为宫崎寅藏题词(一八九九年十一月九日至十三日间) ………………… 6

为《革命潮》题签(一九〇四年九月二十六日) ………………………… 7

题小桃园书斋对联(一九〇五年) ………………………………………… 8

题赠秋山定辅(一九〇六年十月六日) …………………………………… 9

为《云南杂志》题词(一九〇六年) …………………………………… 10

挽刘道一诗(一九〇七年二月三日) …………………………………… 11

　　附录一　同题异文 ………………………………………………… 12

　　附录二　同题异文 ………………………………………………… 13

为三上丰夷题词(一九〇七年二月至三月间) ………………………… 14

赠唐群英归国诗(一九〇七年春) ……………………………………… 15

为邓荫南题词(一九〇七年) …………………………………………… 16

挽徐锡麟联(一九〇七年) ……………………………………………… 17

为巴达维亚华侨书报社题词(一九〇八年) …………………………… 18

为石井晓云题词(一九〇九年) ………………………………………… 19

题赠下田歌子(一九一〇年) …………………………………………… 20

为谭葵开父子题词(一九一一年夏)	21
为宫崎寅藏题字(一九一一年十二月二十日)	22
为山田纯三郎题词(一九一一年十二月二十四日)	23
为上海《民立报》题词(一九一一年十二月三十一日)	24
赠上海《民立报》英文手翰(一九一一年十二月三十一日)	25
为中央演说团题词(一九一二年二月)	26
为南京粤军殉难烈士墓题书碑额(一九一二年三月)	27
为李晓生题词(一)(一九一二年三月)	28
为李晓生题词(二)(一九一二年三月)	29
为居正题词(一九一二年三月)	30
为沈缦云题词(一九一二年四月五日)	31
为潘月樵题词(一九一二年四月五日)	32
为夏月珊题词(一九一二年四月五日)	33
为黄喃喃题词(一九一二年四月十四日至十八日间)	34
为旅闽广东同乡会题词(一九一二年四月二十日)	35
为福州公益社题词(一九一二年四月二十日)	36
为曾尚武题词(一九一二年四月中旬)	37
为梁琴堂题签(一九一二年四月中旬)	38
自题勉词(一九一二年春)	39
为冯自由题词(一九一二年春)	40
为香港《大光报》发刊题词(一九一二年五月四日)	41
自题小照联(一九一二年五月十一日)	42
为广州六榕寺题词(一九一二年五月中旬)	43
为铁禅和尚题词(一九一二年五月中旬)	44
为广东公立女子教育院题词(一九一二年五月)	45
为上海新舞台题词(一九一二年七月)	46
为烟台张裕酿酒公司题词(一九一二年八月二十一日)	47
为《铁路协会杂志》发刊题词(一九一二年八月二十九日)	48

为《铁道杂志》创刊题签(一九一二年十月十日) …………… 49

为江西女子公学校题匾(一九一二年十月底) ………………… 50

为上海《神州女报》题词(一)(一九一二年十一月) …………… 51

为上海《神州女报》题词(二)(一九一二年十一月) …………… 52

挽秋瑾联(一九一二年十二月九日) ……………………………… 53

    附录　同题异文 ……………………………………………… 54

为杭州白云庵题词(一九一二年十二月十一日) ………………… 55

挽黄钟瑛联(一九一二年十二月二十八日) …………………… 56

题词(一九一二年) ………………………………………………… 57

为居正题词(一九一二年) ………………………………………… 58

为秦毓鎏题词(一九一二年) ……………………………………… 59

为邓慕韩题词(一九一二年) ……………………………………… 60

为吴樾墓题词(一九一二年) ……………………………………… 61

题何天瀚墓碑(一九一二年) ……………………………………… 62

为《华侨参政权全案》题签(一九一二年) ……………………… 63

为竹园里村题词(一九一二年) …………………………………… 64

题词(一九一三年二月十五日) …………………………………… 65

为日华协会成立题词(一九一三年二月二十一日) …………… 66

题山田良政纪念碑文(一九一三年二月二十七日) …………… 67

    附录　同题异文 ……………………………………………… 68

题赠山田浩藏(一九一三年二月二十七日) …………………… 69

题赠横滨华侨学校(一九一三年三月六日) …………………… 70

为卢联业题词(一九一三年三月六日) ………………………… 71

为宫崎民藏题词(一九一三年三月十九日) …………………… 72

为宫崎寅藏题词(一九一三年三月十九日) …………………… 73

为日本三井工业学校题词(一九一三年三月十九日) ………… 74

为丹羽翰山题词(一九一三年三月中旬) ……………………… 75

为大石正己题词(一九一三年三月中旬) ……………………… 76

为冈本治平题词(一九一三年三月)	77
题词(一九一三年三月)	78
挽刀安仁联(一九一三年三月)	79
挽宋教仁诔词(一九一三年四月十三日)	80
挽宋教仁联(一九一三年四月)	81
为《国民月刊》题签(一九一三年五月二十日)	82
为《中华民报》创刊周年题词(一九一三年七月二十日)	83
为藤井悟一郎题词(一九一三年八月五日)	84
为头山满题联(一九一三年八月三十一日)	85
题词(一九一三年十二月)	86
为西桠学校题词(一九一三年)	87
为日本九州大学题词(一九一三年)	88
题赠黄兴联(一九一四年六月二十七日)	89
题赠某君联(一九一四年秋)	90
为戴季陶题词(一九一四年冬)	91
为朱之洪题词(一九一四年前后)	92
题赠朱之洪联(一九一四年前后)	93
为邵元冲题词(一九一四年)	94
为《民国》杂志题词(一九一四年)	95
为金少穆题赠挽联(一九一四年)	96
为李龢阳题词(一九一五年冬)	97
为吴锦堂题词(一九一五年)	98
题赠梅屋庄吉(一九一四年至一九一六年间)	99
题赠梅屋庄吉夫人(一九一四年至一九一六年间)	100
为日本《洪水以后》杂志创刊题词(一九一六年一月一日)	101
悼陈其美挽词(一九一六年五月十八日)	102
悼陈其美挽额(一九一六年五月)	103
为国民党都城总分部题词(一九一六年六月)	104

悼龚铁铮挽联(一九一六年七月二十八日)	105
为浙江省议会题词(一九一六年八月十八日)	106
为陶荫轩题词(一九一六年八月二十日)	107
为孙寅初题词(一九一六年八月二十日)	108
为岩田爱之助题词(一九一六年八月中旬)	109
题赠裘吉生词(一九一六年八月二十一日)	110
为孙德卿题词(一九一六年八月二十一日)	111
悼陶成章挽额(一九一六年八月二十一日)	112
为普陀山僧题词(一)(一九一六年八月二十五日)	113
为普陀山僧题词(二)(一九一六年八月二十五日)	114
为普陀山前寺法堂题签(一九一六年八月二十五日)	115
为太虚和尚诗录题签(一九一六年八月二十五日)	116
题竞雄女学校训(一九一六年九月二十七日)	117
题秋瑾匾额(一九一六年九月二十七日)	118
为海宁观潮亭题词(一九一六年九月)	119
题词(一九一六年九月)	120
为黄申芗母寿庆题祝(一九一六年九月)	121
题赠蒋介石母王太夫人(一九一六年十月)	122
挽萧其章(一九一六年秋)	123
为胡毅生题联(一九一六年十二月前)	124
挽黄兴联(一九一六年十二月二十一日)	125
题沈缦云像赞(一九一六年十二月)	126
为山田纯三郎题词(一九一六年)	127
题赠山田纯三郎(一九一六年)	128
为蒋介石题词(一九一六年)	129
题熊持危范伯林墓碑(一九一六年)	130
题李祺礽墓碑(一九一六年)	131
挽蔡锷联(一九一七年四月十二日)	132

题陈其美墓碣(一九一七年五月) ……………………………… 133
悼孙昌挽词(一九一七年十一月) ……………………………… 134
为肇庆庆云寺题词(一九一七年冬) …………………………… 135
为陈祝龄题词(一九一七年前后) ……………………………… 136
贺山田浩藏八秩荣庆联(一九一七年) ………………………… 137
为向楚题词(一九一七年) ……………………………………… 138
为吴宗慈母七秩荣庆题祝(一九一七年) ……………………… 139
祝童洁泉先生七十寿(一九一七年至一九一八年间) ………… 140
悼程璧光挽额(一九一八年四月二十八日) …………………… 141
    附录　同题异义 …………………………………………… 142
题祝《工业星期报》出版(一九一七年九月至一九一八年五月间) … 143
为中国精益眼镜公司题词(一九一八年春夏间) ……………… 144
为松口镇绅商会题词(一九一八年五月二十七日) …………… 145
题赠谢元骥联(一)(一九一八年五月二十九日) …………… 146
题赠谢元骥联(二)(一九一八年五月二十九日) …………… 147
为《谢逸桥诗钞》题词(一九一八年五月二十九日) ………… 148
为织田英雄题词(一九一八年六月八日至九日间) …………… 149
为田中隆题词(一九一八年六月十日) ………………………… 150
题赠宫崎寅藏联(一九一八年六月十一日) …………………… 151
悼山田良政挽词(一九一八年七月二十八日) ………………… 152
为蒋介石母王太夫人修谱纪念题词(一九一八年九月) ……… 153
挽陈家鼎母邓太夫人联(一九一八年十月二十四日) ………… 154
为庾恩旸题词(一九一八年) …………………………………… 155
题贺邓泽如寿诞(一九一八年) ………………………………… 156
题词(一九一八年) ……………………………………………… 157
祝蒋介石母五五寿庆联(一九一八年) ………………………… 158
为孙鹤皋题词(一九一八年) …………………………………… 159
为章太炎《告癸丑以来死义诸君文》题词(一)(一九一八年) … 160

| 目录 |

为章太炎《告癸丑以来死义诸君文》题词(二)(一九一八年) ……… 161
悼蔡济民挽额(一九一九年三月二十三日) ……… 162
重书山田良政纪念碑文(一九一九年九月二十九日) ……… 163
为广东光复纪念庆祝会的题词(一九一九年十一月十八日) ……… 165
为上海精武体育会题词(一九一九年十二月二十日) ……… 166
为上海南洋路矿学校题词(一九一九年十二月二十日) ……… 167
为邓慕周题匾(一九一九年前后) ……… 168
为周太夫人百岁荣庆题词(一九一九年) ……… 169
周太夫人期颐祝词(一九一九年) ……… 170
题词(一九一九年) ……… 171
为赵家艺题词(一九一九年) ……… 172
题联(一九一九年) ……… 173
为林百克题词(一九一九年) ……… 174
题林文英墓碑(一九一九年) ……… 175
勉全党同志词(一九二〇年一月一日) ……… 176
悼张汇滔挽词(一九二〇年二月上旬) ……… 178
为韩国《东亚日报》创刊题词(一九二〇年四月一日) ……… 179
为《新青年》劳动节纪念专号题词(一九二〇年五月一日) ……… 180
题朱赤霓母墓碑(一九二〇年六月) ……… 181
为顷市顿党人题词(一九二〇年九月二十三日) ……… 182
为《少年中国晨报》十周纪念题词(一九二〇年十月十日) ……… 183
为福建培元中学校题词(一九二〇年十月中旬) ……… 184
为《党务杂纪》题签(一九二〇年十二月一日) ……… 185
为花县徐公祠题匾(一九二〇年十二月) ……… 186
为赣县戚氏宗祠题联(一九二〇年冬) ……… 187
为三藩市国民党分部题词(一九二〇年) ……… 189
为钱化佛题词(一)(一九二〇年) ……… 190
为钱化佛题词(二)(一九二〇年) ……… 191

— 7 —

题词(一九二〇年) ··· 192

为李禄超题词(一九二〇年) ····························· 193

为古巴同志题词(一九二〇年) ························· 194

为康得黎医生题词(一九二〇年) ······················ 195

为法国费沃礼题词(一九二一年一月一日) ········ 196

悼邓慕周挽额(一九二一年初) ························· 197

挽粤军阵亡将士联(一九二一年二月二十日) ···· 198

为巴达维亚《天声日报》题签(一九二一年三月一日) ··· 199

悼蒋介石母王太夫人挽词(一九二一年六月) ···· 200

题蒋介石母王太夫人像赞(一九二一年六月) ···· 201

为"南韶连会馆"题写匾额(一九二一年九月一日) ··· 202

为直臣学校学生国文集题词(一九二一年九月十二日) ··· 203

为古巴《民声日报》复刊题词(一九二一年九月二十四日) ··· 205

为古巴《民声日报》题签(一九二一年九月二十四日) ··· 206

登桂平西山题联(一九二一年十月二十日) ······· 207

题蒋介石母墓额(一九二一年十一月) ·············· 208

为蒋翊武就义处题碑(一九二一年十二月) ······· 209

为黄花岗七十二烈士墓题词(一九二一年) ······· 210

为香山翠亨学校题词(一九二一年) ·················· 211

为《汕头晨报》题词(一九二一年) ····················· 212

为广州大佛寺题词(一九二一年) ····················· 213

为《五权宪法草案》题签(一九二二年六月十二日) ··· 214

为上海求是中学五周年纪念题词(一九二二年九月初) ··· 215

为《求是新报》出版题词(一九二二年九月初) ··· 216

题崇明第四高等小学校训(一九二二年九月中旬) ··· 217

题南洋甲种商业学校匾额(一九二二年十月五日) ··· 218

为中国心灵研究会题词(一九二二年十月十八日) ··· 219

为《党民日报》题词(一九二二年十月) ············· 220

题赠《觉民日报》(一九二二年十月)·················221
题赠宋庆龄勉词(一九二二年秋)···················222
为时杰题词(一九二二年秋)······················223
题赠张人杰联(一九二二年十一月中旬)···············224
为张人杰题词(一九二二年十一月中旬)···············225
悼伍廷芳挽词(一九二二年十一月二十六日)············226
悼伍廷芳挽额(一九二二年十二月十七日)·············227
为《无锡指南》题签(一九二二年十二月)··············228
为《无锡指南》题词(一九二二年十二月)··············229
挽张荆野上联(一九二二年十二月)··················230
书赠杨庶堪《礼运·大同篇》(一九二二年)············231
题朱执信墓碣(一九二二年)······················232
为上海中华武术会题匾(一九二二年)················233
为《交通大学技击十周年纪念册》题词(一九二二年)······234
为南洋大学校刊题签(一九二二年)··················235
为文天祥墨迹题签(一九二二年)···················236
为民国女子工艺学校题签(一九二二年)···············237
为中华会馆题签(一九二二年)····················238
为中华书院题签(一九二二年)····················239
题暴式彬挽额(一九二二年)······················240
题词(一九二二年至一九二三年)···················241
为《三五》杂志题签(一九二二年至一九二三年间)·······242
书蒋介石联句(一)(一九二三年一月)···············243
书蒋介石联句(二)(一九二三年一月)···············244
书蒋介石联句(三)(一九二三年一月)···············245
为蒋介石题联(一九二三年一月)···················246
赠别蒋介石联(一九二三年一月)···················247
题赠戴季陶联(一九二三年一月)···················248

— 9 —

为太田宇之助题词(一九二三年一月)	249
为邓荫南遗像题词(一九二三年二月)	250
书赠胡汉民《燕歌行》(一九二三年二月)	251
为《新文化》杂志题词(一九二三年二月)	255
题安庆烈士墓额(一九二三年四月六日)	256
悼滇军阵亡将士挽额(一九二三年四月十日)	257
挽滇军阵亡将士联(一九二三年四月十日)	258
为韦德题词(一九二三年春)	259
为寿民钟光传题颁匾额(一九二三年五月三十日)	260
题某君像赞(一九二三年五月)	261
为寿民陈缉承题颁(一九二三年六月二十日)	262
为邓演达题联(一九二三年夏)	263
为节妇王严氏题颁(一九二三年八月四日)	264
为航空局题词(一九二三年八月九日)	265
为杨仙逸题词(一九二三年八月九日)	266
为贞妇邓黎氏题颁(一九二三年九月一日)	267
为庾恩荣题匾(一九二三年九月底前)	268
为杨仙逸遗像题签(一九二三年九月底)	269
为寿妇郑黄氏题颁(一九二三年十月一日)	270
为国民党党员恳亲大会题词(一九二三年十月中旬)	271
为《国民党党务讨论会纪事录》题签(一九二三年十月中旬)	272
为李仲岳题颁(一九二三年十月二十六日)	273
为陈式垣墓碑题词(一九二三年十月)	274
悼尚天德挽额(一九二三年十一月十日)	275
为《新建设》杂志创刊号题词(一九二三年十一月二十日)	276
为叶瑞烘题颁(一九二三年十二月六日)	277
为华侨陆运怀题颁匾额(一九二三年十二月十一日)	278
为寿妇杨欧氏题颁(一九二三年十二月十一日)	279

为蒋介石母慈庵题匾(一)(一九二三年十二月十七日)	280
为蒋介石母慈庵题匾(二)(一九二三年十二月十七日)	281
为王羲之手迹题词(一九二三年十二月)	282
为《光大》季刊题名(一九二三年冬)	283
为佐佐木到一题词(一九二三年前后)	284
为《复旦年刊》题词(一九二三年)	285
为刘殿生寿诞题词(一九二三年)	286
为华侨青年会创立题词(一九二三年)	287
为浦在廷食品罐头公司题词(一九二三年)	288
为双轮牙刷公司三周年题词(一九二三年)	289
为苏曼殊画册题签(一九二四年前)	290
为寿妇黄赵氏题颂(一九二四年一月十九日)	291
悼杭辛斋挽词(一九二四年一月二十六日)	292
悼列宁祭幛(一九二四年二月二十四日)	293
为节妇杨朱氏题颂(一九二四年二月二十九日)	294
为寿民彭才德夫妇题颂(一九二四年三月一日)	295
为寿民王开清题颂(一九二四年三月十九日)	296
悼邓铿遇害二周年挽词(一九二四年三月二十三日)	297
为上海大学《孤星报》题签(一九二四年三月)	298
为寿妇邓苏氏题颂(一九二四年四月十六日)	299
为节妇陈钱氏题颂(一九二四年四月二十一日)	300
为《民族主义》题签(一九二四年四月)	301
为节妇李吴氏题颂(一九二四年五月十四日)	302
为节妇伍梁氏题颂(一九二四年五月十四日)	303
为寿妇陈黄氏题颂(一九二四年六月十四日)	304
题黄埔陆军军官学校成立训词(一九二四年六月十六日)	305
广东大学学生毕业典礼训词(一九二四年六月二十一日)	306
悼伍廷芳逝世两周年挽联(一九二四年六月二十三日)	307

在广州军警团授旗礼式训词(一九二四年六月二十九日)……308
题黄埔陆军军官学校校训(一九二四年六月)……309
题邓铿墓碣(一九二四年六月)……310
为贤妇徐李氏题颁(一九二四年七月十二日)……311
为节妇李沈氏题颁(一九二四年七月二十四日)……312
题词(一九二四年七月)……313
为广州石牌乡乡团题颁(一九二四年七月)……314
悼巴富罗夫挽额(一九二四年八月四日)……315
悼黄埔军校学生吴秉礼毛宜挽额(一九二四年八月四日)……316
为广州龙眼洞乡乡团题颁(一九二四年八月六日)……317
为贤妇刘王氏题颁(一九二四年八月十三日)……318
为《民权主义》题签(一九二四年八月)……319
为耆绅李曜蓉题颁(一九二四年九月一日)……320
为节妇陈符氏题颁(一九二四年九月一日)……321
挽彭素民联(一九二四年九月十四日)……322
在检阅工农团军举行授旗时致训词(一九二四年九月二十六日)……323
题词(一九二四年十月九日)……324
为烈妇庾常氏题颁(一九二四年十月二十五日)……325
为修改《演说集》题注(一九二四年秋)……326
为温尼辟分部题词(一九二四年秋冬间)……327
为寿妇董姚氏题颁(一九二四年十一月四日)……328
题广东大学校训(一九二四年十一月十一日)……329
  附录 同题异文……330
为节妇张俞淑华题颁(一九二四年十一月十五日)……331
为万益公司题颁(一九二四年十一月十八日)……332
为亚细亚复兴会题签(一九二四年十一月三十日)……333
为《民生主义》题签(一九二四年十二月)……334
题梁国一墓碑(一九二四年)……335

为邓彦华题联(一九二四年)	336
为巴达维亚华侨书报社题签(一九二四年)	337
为《三民主义》《五权宪法》题签(一九二四年)	338
题杨仙逸墓碣(一九二四年)	339
为朱卓文母寿庆题贺(一九二四年)	340
为寿民李能昭题颁(一九二五年一月二十日)	341
为长沙湘雅医科大学毕业同学题词(一九二五年一月至二月间)	342
为玉田书《礼运·大同篇》	343
为某君题词	345
为田中题词	346
题词	347
题词	348
为晋明题词	349
题赠二西田耕一词	350
题词	351
题词	352
题词	353
题词	354
为马湘题词	355
为《晦鸣旬刊》出版题词	356
为日本总持寺题词	357
题联	358
为李蟠题词	359
为刘纪文题词	360
为萧萱题词	361
为佐佐题词	362
为田中题词	363
为许崇智题词	364

为国民党坎城分部题词…………………………………………… 365
为国民党驻墨支部成立题词…………………………………… 366
为启贤学校题词………………………………………………… 367
为日本成女学园高等学校题词………………………………… 368
为宫崎寅藏题联………………………………………………… 369
为二西田耕一题词……………………………………………… 370
为井上足彦题词………………………………………………… 371
为秋山定辅题词………………………………………………… 372
题词……………………………………………………………… 373
题词……………………………………………………………… 374
题联……………………………………………………………… 375
题联……………………………………………………………… 376
为《光华日报》题词…………………………………………… 377
为《民号报》封面题签………………………………………… 378
为何侠母陶陶亭题签…………………………………………… 379
为占胜阁题签…………………………………………………… 380
为诵盘题词……………………………………………………… 381
为梅母何太夫人七七荣庆题贺………………………………… 382
为李宝祥寿庆题贺……………………………………………… 383
为张母武太夫人七秩寿诞题祝………………………………… 384
题词……………………………………………………………… 385
题词……………………………………………………………… 386
悼龚自沅挽额…………………………………………………… 387
为陈模题碑……………………………………………………… 388
题周淡游余建光追悼大会纪念信片…………………………… 389
题吴樾等九烈士墓碑…………………………………………… 390
为五烈士墓碑记题签…………………………………………… 391
题李烈士碑……………………………………………………… 392

题许崇仪墓碑 ………………………………………… 393
题词 …………………………………………………… 394
为团益公会题词 ……………………………………… 395
为熊希龄题词 ………………………………………… 396
三宝雁学校成立祝词 ………………………………… 397
孟米分部开幕训词 …………………………………… 398

为翠亨新居题联①

(约一八九二年)②

一椽得所
五桂安居

据李伯新、黄彦《翠亨孙中山故居》(文物出版社一九八一年版)

---

① 翠亨新居,即今广东省中山市翠亨村孙中山故居。原件已于1938年散失,1958年孙中山故居纪念馆重新复制,从孙中山墨迹中选"一椽得所,五桂安居"八字,拼合放大,刻于木板上。今之联对,并非孙中山所书真迹。

② 题书时间系据当地老人回忆酌定。

为中西药局题名①

(一八九三年)

中西药局

孙　文

据李伯新《孙中山在香山县的足迹》，载中山市孙中山研究会编《中山市孙中山研究会会讯》第三十四期(一九九七年十月二十日)

---

① 1893年，孙中山与南朗人程北海合资在香山县城石岐西门开设"中西药局"，并亲题匾额"中西药局"，下署孙文，匾额挂于店前。

为兴利蚕子公司题联①

（约一八九三年）

兴创自我
利归于农

据黄彦、李伯新《孙中山的家庭出身和早期事迹》，载中国人民政治协商会议广东省委员会文史资料研究委员会、中山大学历史系孙中山研究室合编《广东文史资料》第二十五辑(广东人民出版社一九七九年版)

① 蚕子公司，革命秘密机关。陆皓东、尤列等在广东顺德县北水乡开设，借以掩护革命活动。孙中山曾多次偕陈少白等来此，并亲题此联。

为南方熊楠题词①

（一八九七年六月二十七日）②

海外逢知音

　　　　　　南方学长属书

　　　　　　香山孙文拜言

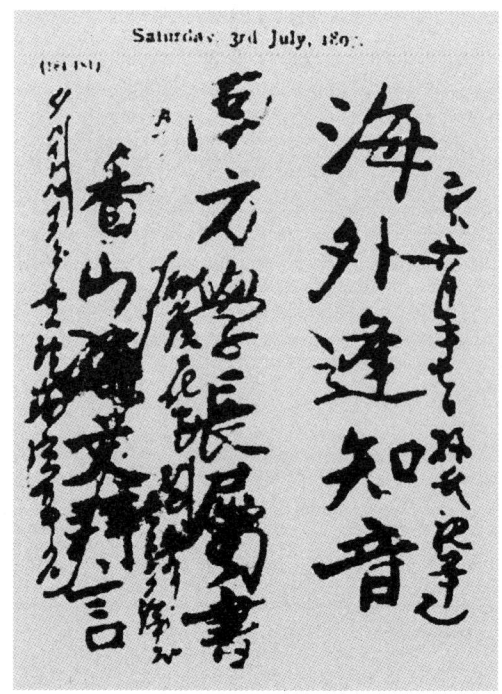

据[日]竺井清《孙文与南方熊楠》，载《甲南大学纪要》（社会科学特集）（神户一九七一年日文版）

---

① 南方熊楠(1867—1941)，日本生物学家。此件系孙中山离伦敦前，应请题于南方熊楠的日记本上。原件现藏日本大阪南方熊楠纪念馆。
② 原件未标署时间，据南方在题词上所注"此六月二十七日孙文亲笔也"标定。

书联络会党起义暗语

（一八九九年秋）

万象阴霾打不开
红羊劫运日相催
顶天立地奇男子
要把乾坤扭转来

据李华棠《洪门会与中国革命之关系》，载罗家伦等主编《国父年谱》增订本上册（台北一九八五年版）

为宫崎寅藏题词①

(一八九九年十一月九日至十三日间)②

东方之无赖兮惟此公奇

滔天先生

逸 人

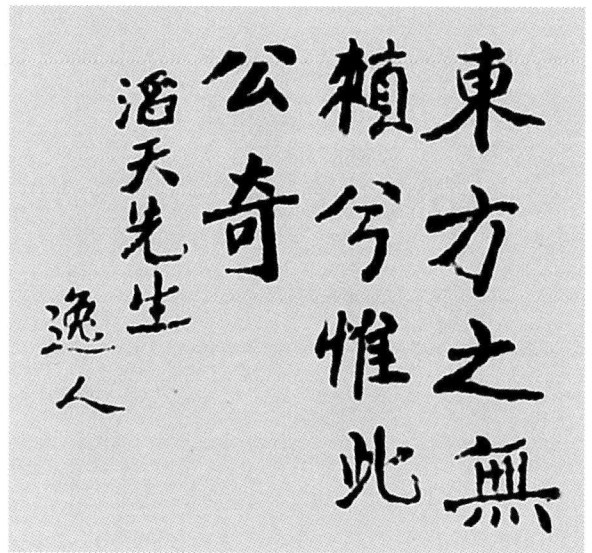

据广州《羊城晚报》一九九六年十一月七日辛流(刘望龄)《一件鲜为人知的孙中山题字》

---

① 此件曾在 1913 年 2 月 14 日《朝日新闻》上揭载,编者加注说明:"逸人即孙(逸仙)氏"。
② 原件未标署时间,据记载,宫崎奉孙中山之命,于 1899 年 11 月初到香港,参与组织兴汉会,饯别时,特请与会代表在他的外褂裹布上题书字画,以为纪念。孙中山未参加会议,该题词当系宫崎回到横滨向他汇报时请求补题的,时为 11 月 9 日至 13 日间。

为《革命潮》题签①

(一九〇四年九月二十六日)

革命潮

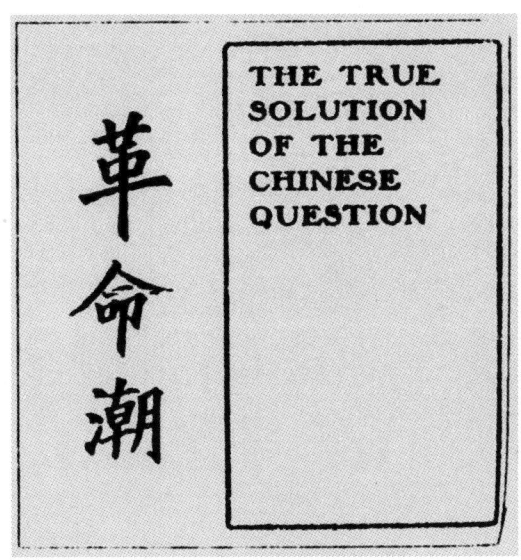

据许师慎《〈国父全集〉未刊之重要史料》,载黄季陆等编《研究中山先生的史料与史学》(台北"中华民国"史料研究中心一九七五年版)

---

① 《革命潮》(*The True Solution of the Chinese Question*),今译《支那问题的真解决》,王宠惠参与撰写英文稿,1904年9月底或10月初在纽约出版。此系应出版者麦克威廉斯(C. E. McWilliams)的要求,为《革命潮》英文封面题书的中文书名。

题小桃园书斋对联①

（一九〇五年）

眼底两行专制泪
胸中一卷自由书

　　　　　　孙文逸仙

据陆澄溪《我难忘的中山先生革命事迹》，载尚明轩、王学庄、陈崧编《孙中山生平事业追忆录》（人民出版社一九八六年版）。

① 孙中山为革命奔走于南洋各地，常住新加坡侨商陈连才、陈连宙兄弟寓所"小桃园"。

题赠秋山定辅①

（一九〇六年十月六日）

得一知己
可以无憾

　　　　秋山定辅先生
　　　　孙逸仙

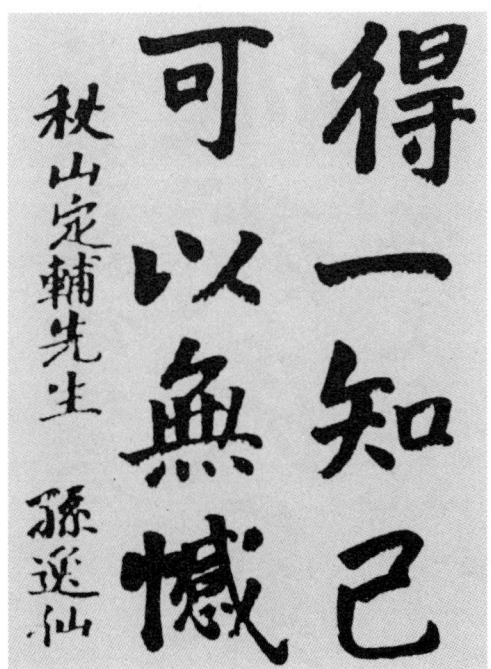

据有邻堂株式会社、北京大学图书馆编《〈孙文与横滨〉展》（一九八九年日文版）

---

① 秋山定辅（1868—1950），日本冈山人。日本众议院议员。1893年主办《二六新报》，声援东方各国革命运动。与孙中山交往甚密，孙中山多经其引荐而与日本政界人士结识。

为《云南杂志》题词

（一九〇六年）

振我民气

云南杂志社鉴

孙文题祝

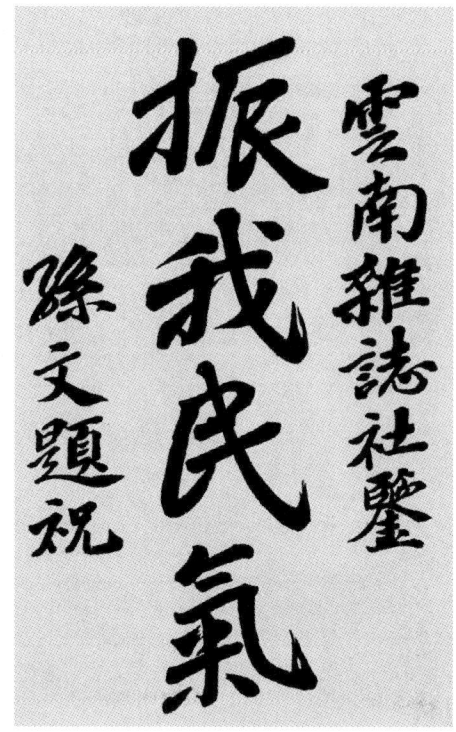

据《云南杂志》第一期（一九〇六年十月十五日）

挽刘道一诗①

（一九〇七年二月三日）②

半壁东南三楚雄　刘郎死去霸图空
尚余遗业艰难甚　谁与斯人慷慨同
塞上秋风悲战马　神州落日泣哀鸿
几时痛饮黄龙酒　横揽江流一奠公

据《衡山正气集》（一九一二年刻本）

---

① 1907年2月3日，革命党人在东京举行刘道一追悼大会，孙中山致送挽诗。此件非孙中山所作，系黄兴奉命嘱《民报》编辑汤增璧（字公介）代撰。
② 题书时间据追悼会日期标定。

附录一 同题异文

吊刘道一
半壁东南三楚雄　刘郎死去霸图空
尚余遗蘖艰难甚　谁与斯人慷慨同
塞上秋风嘶战马　神州落日泣哀鸿
几时痛饮黄龙酒　横揽江流一奠公

据上海《民立报》一九一二年一月一日《孙大总统旧作〈吊道一〉》

附录二　同题异文[①]

挽刘道一

半壁东南三楚雄　刘郎死去霸图空
尚余残局艰难甚　谁与斯人慷慨同
塞上秋风嘶战马　神州落日泣哀鸿
几时痛饮黄龙酒　横揽江流一奠公

孙文作
章士钊书
民国六年元月

据《挽刘道一》，载《刘道一烈士就义八十周年纪念专辑》（湖南大学出版社一九八八年版）

[①] 此件现藏湘潭刘（道一）烈士祠。

为三上丰夷题词

（一九〇七年二月至三月间）

革命

　　丁未正月
　　三上先生属
　　孙逸仙

据有邻堂株式会社、北京大学图书馆编《〈孙文与横滨〉展》（一九八九年日文版）

赠唐群英归国诗①

（一九〇七年春）

此去浪滔天　应知身在船
若返潇湘日　为我问陈癫②

据曾昭桓《辛亥革命女战士唐群英》，载中国人民政治协商会议湖南省委员会文史资料研究委员会编《湖南文史资料选辑》第十五辑（湖南人民出版社一九八二年版）

①　此诗1981年初从王淇的手抄本中发现，并在湖南《双峰文化》杂志首次披露。王系老同盟会员，是唐群英的同乡。
②　陈癫，即陈荆，号树人，湖南湘乡人，同盟会员。

为邓荫南题词①

（一九〇七年）

博爱

荫南先生属

孙　文

据《中山墨宝》编委会编《中山墨宝》第十卷（北京出版社一九九六年版）

---

① 孙中山题写"博爱"字幅甚多，此件是目前发现的最早一幅。其余各件均略而未收。

挽徐锡麟联

（一九〇七年）

丹心一点祭余肉
白骨三年死后香

据萧嘉、余蕴洁编《传神文笔足千秋——浅谈孙中山的诗词对联》，载广东省中山市政协文史编辑委员会编《中山文史》总第十辑（一九八六年版）

为巴达维亚华侨书报社题词①

(一九○八年)②

努力进前

华侨书报社同志鉴

孙　文(印)

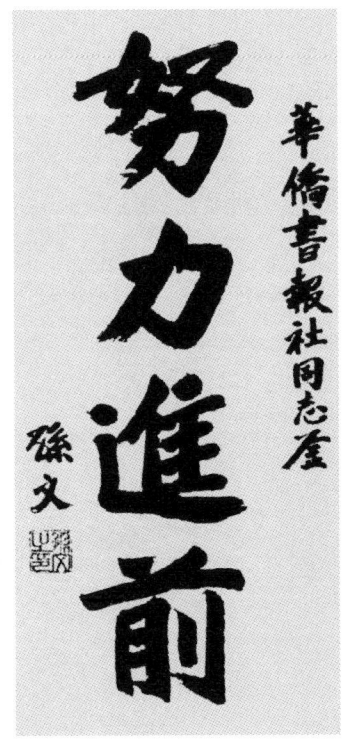

据《印尼华侨志》(出版时间不详)

---

① 华侨书报社,革命党在海外的宣传联络机关。1908年5月,吴伟康等在巴达维亚(今印尼首都雅加达)发起组织,梁密庵任社长。该社"筹款资助革命,颇有成绩",孙中山特题词嘉奖。

② 题书时间,有记为1924年者,今据《印尼华侨志》改定。

为石井晓云题词[1]

（一九〇九年）

四海兄弟

万邦归一

据《孙文与横滨》座谈会上石井晓云的发言，载日本《有邻月刊》第一一四号（横滨有邻堂一九七七年五月十日日文版）

---

[1] 石井晓云，宫崎寅藏的秘书。此件题于纸扇上。

题赠下田歌子[①]

（一九一〇年）

大风已作

壮士思归

孙　文

据陈固亭《国父与日本友人》（台北幼狮文化事业公司一九七七年版）

[①]　下田歌子，日本女志士。与清藤秋子（清藤幸七郎胞姐）发起创设"东洋妇女会"，募款支援中国革命党。1910年经秋子介绍与孙中山相识。此件题于扇面上。

为谭葵开父子题词①

（一九一一年夏）

聪明才力大者　当尽其能力服千万人之务
聪明才力略小者　当尽其能力服十百人之务

孙　文

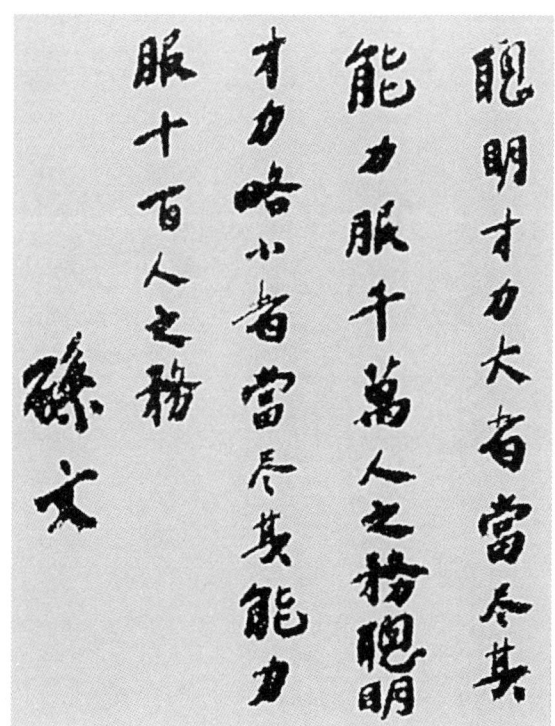

据广州《羊城晚报》一九八四年五月二十七日阚延鑫《开平侨属谭锦雄献出孙中山真迹》

---

① 谭葵开、谭侠夫父子，美国旧金山华侨，捐款资助革命，孙中山特题词奖谢。原件由谭氏后人捐赠广东开平县华侨博物馆。

为宫崎寅藏题字

(一九一一年十二月二十日)

记念

　　　清之亡年　十二月二十日
　　　重逢香港舟中
　　　宫崎先生属
　　　孙文书

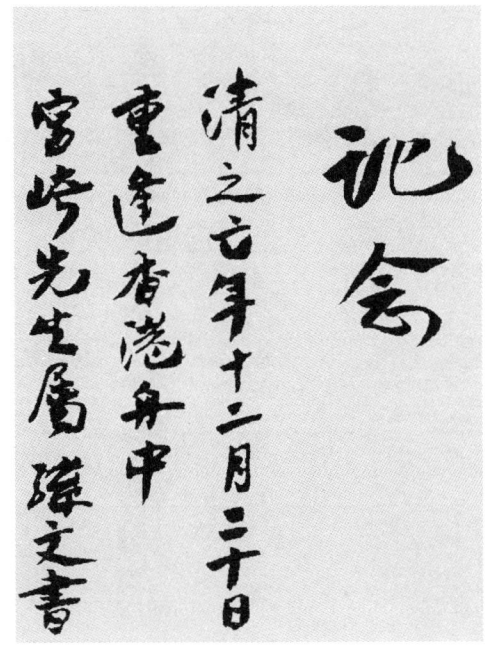

据有邻堂株式会社、北京大学图书馆编《〈孙文与横滨〉展》(一九八九年日文版)

为山田纯三郎①题词

（一九一一年十二月二十四日）

同舟共济

    清之亡年十二月廿四日
    山田先生属
    孙文书

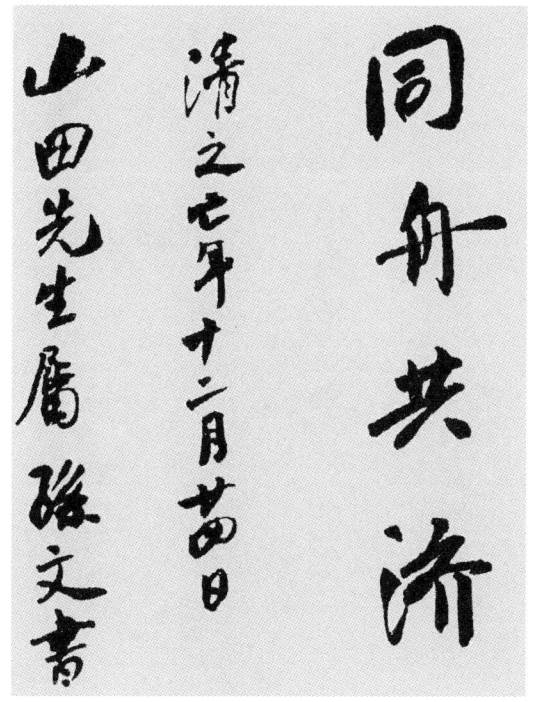

据《导报画刊》一九四六年五月五日《中国革命之友山田纯三郎先生访问记》

---

① 山田纯三郎（1876—1960），山田良政胞弟。1900年，山田良政在惠州起义中牺牲后，继承其兄遗志，追随孙中山，参与辛亥革命和讨袁斗争诸役。曾任上海《民国日报》社社长。

为上海《民立报》题词①

（一九一一年十二月三十一日）②

勠力同心

民立报同志属书

孙　文

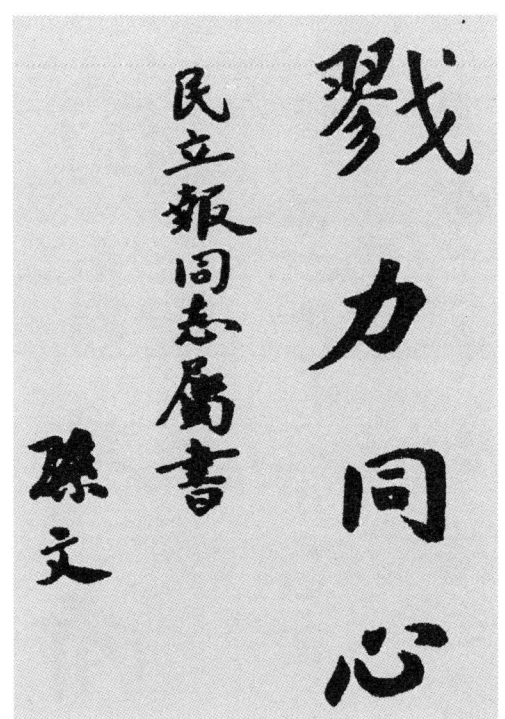

据上海《民立报》一九一一年十二月三十一日《孙大总统汉文手翰》

---

① 此件系孙中山视察民立报馆时，应编辑邵力子之请而题，同时题书英文手翰一件。原件书于便笺之上。
② 题书时间系上海《民立报》发表日期。

赠上海《民立报》英文手翰①

（一九一一年十二月三十一日）

T0 Minlipao

"Unity"

is our watch word

      Sun Yat Sen

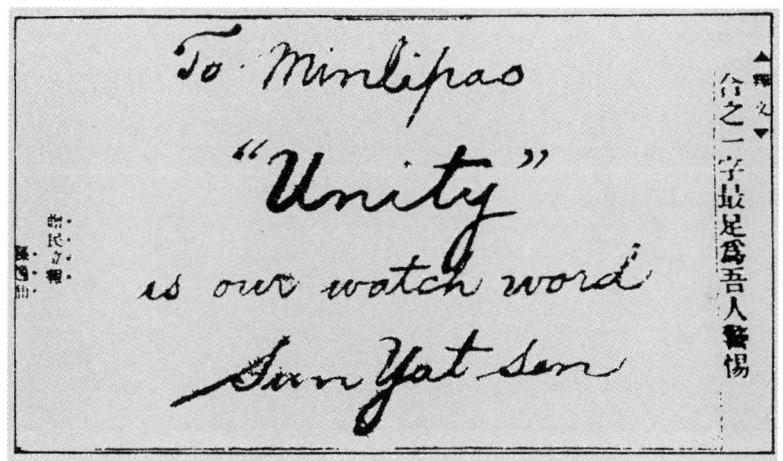

据上海《民立报》一九一一年十二月三十一日《孙大总统英文手翰》

---

① 该影印件中的"译文　合之一字最足为吾人警惕　赠民立报　孙逸仙"系上海《民立报》所加。

为中央演说团题词①

（一九一二年二月）

苦口婆心

中央演说团鉴

孙文题

据上海《民立报》一九一二年二月二十三日《孙大总统之手翰》

---

① 中央演说团，系胡颐伯等在南京组织的宣传团体，每周日在升平园集会演说，指陈时政，宣扬民主共和。未及一月，发展团友达600人，孙中山"闻而壮之"，亲书匾额奖赠。

为南京粤军殉难烈士墓题书碑额

(一九一二年三月)

建国成仁

民国元年三月

临时大总统孙文题

据《辛亥革命在南京》(江苏人民出版社一九八一年版)

为李晓生①题词(一)

(一九一二年三月)

努力前途

晓生先生鉴

孙文题赠(印)

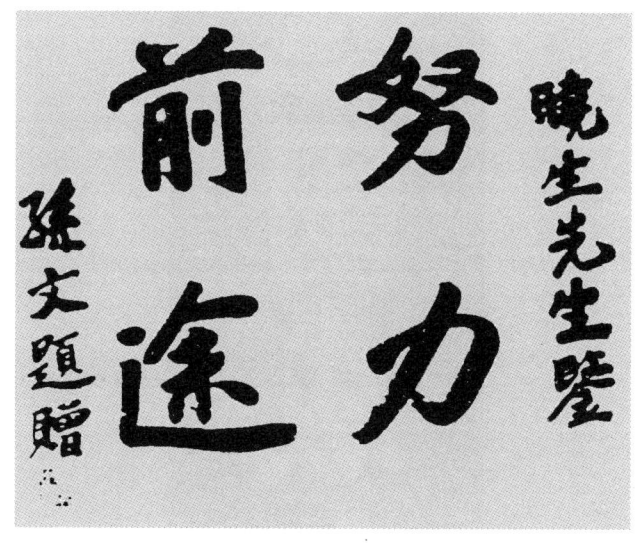

据《中山墨宝》编委会编《中山墨宝》第十卷(北京出版社一九九六年版)

---

① 李晓生,旅美华侨,同盟会员。孙中山流亡美国时,任孙的中文秘书,协助处理中文信件。武昌起义后,与朱卓文等随孙中山返国。

为李晓生题词(二)

（一九一二年三月）

同舟共济

　　　　　　晓生兄正

　　　　　　孙　文(印)

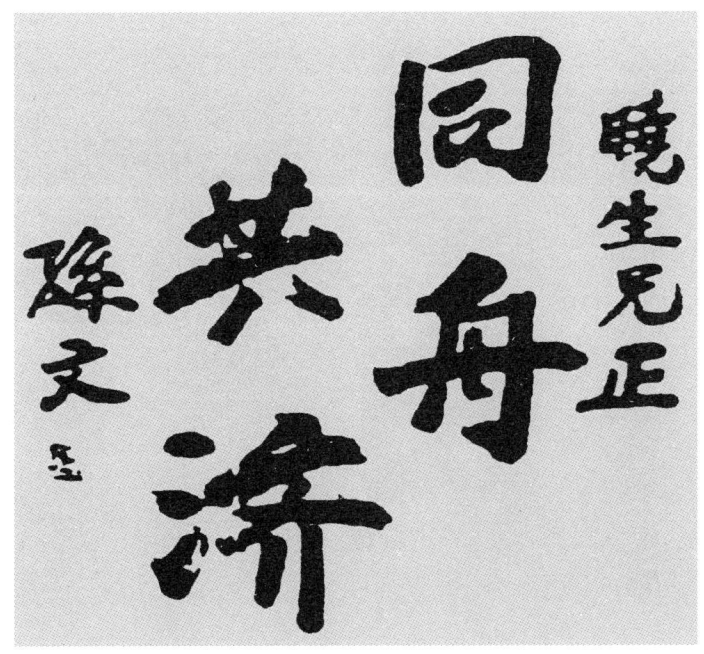

据《中山墨宝》编委会编《中山墨宝》第十卷（北京出版社一九九六年版）

为居正题词

（一九一二年三月）①

光明

觉生兄鉴

孙　文（印）

据林济《居正传》（湖北人民出版社一九九三年版）

---

① 原件未标署时间，据在同一字幅上的黄兴题词署有"中华民国元年三月书"而酌定。

为沈缦云题词①

（一九一二年四月五日）

光复沪江之举动

据上海《申报》一九一二年四月七日《孙中山先生旅沪记》

---

① 此件系4月5日孙中山到沪南新舞台看戏后，回到行邸亲笔题书。原件已散失，今所见条幅系他人笔书，内容亦有歧异："曼云同志惠鉴　光复沪江之主动　孙文"。

为潘月樵题词

(一九一二年四月五日)

急公好义

月樵先生鉴

孙　文

据上海《申报》一九一二年四月七日《孙中山先生旅沪记》

为夏月珊题词

（一九一二年四月五日）

热心劝导

据上海《申报》一九一二年四月七日《孙中山先生旅沪记》

为黄喃喃①题词

(一九一二年四月十四日至十八日间)②

改良新剧

据北京《团结报》一九八三年二月五日晓冰《孙中山先生为新剧界题词》

---

① 黄喃喃,南社社员,新剧作家。
② 原件未标署时间,据记载,此件题于上海,而当月孙中山只14日至18日间在上海逗留,故酌定为4月14日至18日间。

为旅闽广东同乡会题词①

（一九一二年四月二十日）

戮力同心

据郑贞文《孙中山先生来闽》，载尚明轩、王学庄、陈崧编《孙中山生平事业追忆录》（人民出版社一九八六年版）

① 此件系孙中山在福州出席旅闽广东同乡会欢迎会时应请而题。

为福州公益社题词①

(一九一二年四月二十日)

独立厅

据郑贞文《孙中山先生来闽》,载尚明轩、王学庄、陈崧编《孙中山生平事业追忆录》(人民出版社一九八六年版)

① 公益社,清末同盟会秘密机关。此件系孙中山访粤途经福州,与福建老同盟会员相聚于公益社时,以"独立厅"三字赞誉公益社在辛亥革命时期所作出的贡献。旋制成匾额,悬挂于社内。

为曾尚武题词①

（一九一二年四月中旬）

天下为公

　　尚武先生属

　　孙　文

据《辛亥武昌起义》（文物出版社一九八六年版）

---

① 此件系孙中山访问武汉时应请而题。孙中山题写"天下为公"者为数众多，除少数有特殊意义外，均略而未收。

为梁琴堂题签①

(一九一二年四月中旬)

诚仁医院

琴堂先生

孙　文

据《辛亥武昌起义》(文物出版社一九八六年版)

---

① 梁琴堂,湖北党人梁钟汉(字瑞堂)的胞兄。此件系孙中山访问武汉时,为梁琴堂所开办的诚仁医院题签。

自题勉词①

（一九一二年春）

奋斗

民元

孙　文(印)

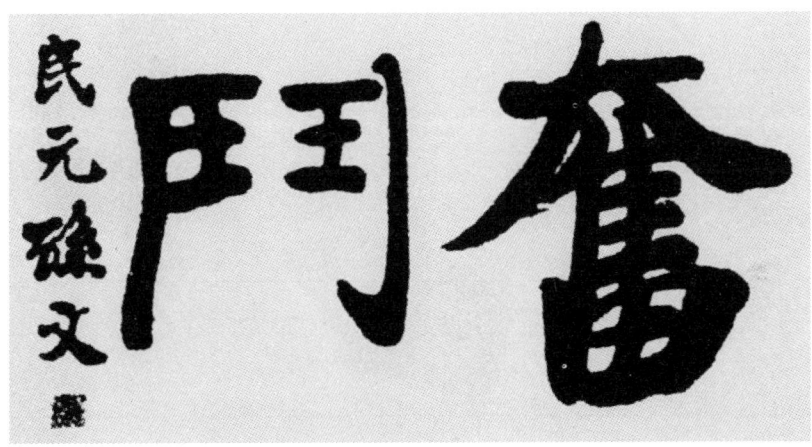

据全国政协文史资料研究委员会、中国革命博物馆联合编辑《孙中山先生画册》（中国文史出版社一九八六年版）

---

① 此件悬挂于南京临时大总统府孙中山办公室内。

为冯自由题词

（一九一二年春）

自由

自由兄鉴

孙　文

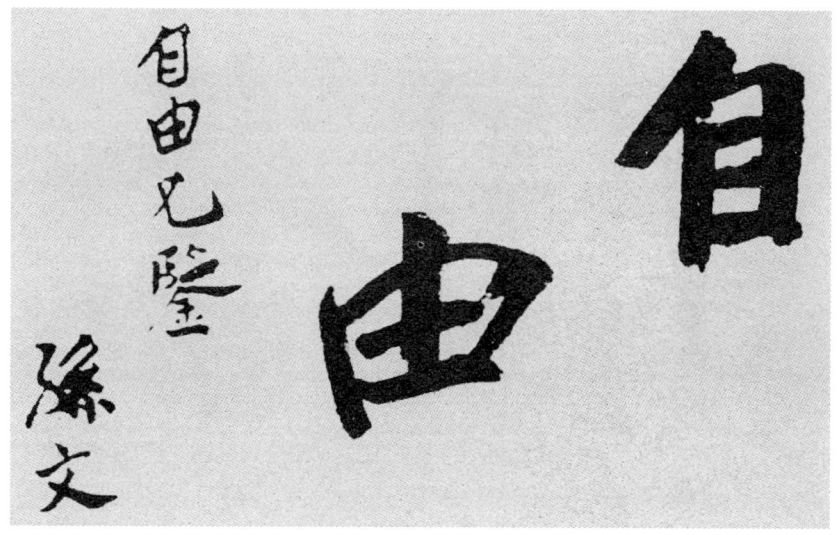

据《中山墨宝》编委会编《中山墨宝》第十卷（北京出版社一九九六年版）

为香港《大光报》发刊题词①

（一九一二年五月四日）

与国同春

大光报发刊

孙　文

据中国人民政治协商会议广东省广州市委员会文史资料研究委员会编《纪念辛亥革命七十周年史料专辑》（下）（广东人民出版社一九八一年版）

①　《大光报》，1912年5月在香港发刊，冯自由等主办。此件系孙中山访问广州出席穗港报界欢迎大会时，应请题祝。

自题小照联①

（一九一二年五月十一日）②

萃子姓于家乡　木有本　水有源　五世箕裘传莞岭
妥先灵于寝庙　宗念功　祖念德　三房俎豆贡香山

据萧嘉、余蕴洁《传神文笔足千秋——浅谈孙中山的诗词对联》，载广东省中山市政协文史编辑委员会编《中山文史》总第十辑（一九八六年版）

① 是日，广东孙姓宗亲二百多人在广州举行"恳亲会"，孙中山到会致词。此件题于小照两侧，分赠与会孙姓父老。
② 题写时间据"恳亲会"召开日期酌定。

为广州六榕寺题词①

（一九一二年五月中旬）

阐扬佛教

据欧安年《书赠六榕寺》，载《广州文史》第五十辑《孙中山在广州》（广东人民出版社一九九六年版）

① 此件系孙中山出席广东佛教总会在六榕寺举行的欢迎大会上，应该会会长铁禅和尚之请而题。

为铁禅和尚①题词

（一九一二年五月中旬）

自由　平等　博爱

据黄汉钢《孙中山先生与佛教》，载中国人民政治协商会议广东省广州市委员会文史资料研究委员会编《纪念辛亥革命七十周年史料专辑》（广东人民出版社一九八一年版）。

---

① 铁禅和尚，广东佛教总会会长，六榕寺主持。

为广东公立女子教育院①题词

(一九一二年五月)

幼吾幼

民国元年
广东公立女子教育院 义举也
书此为人道主义倡
孙 文

据黄大德《新发现的孙中山研究资料》,载广东《学术研究》一九九六年第十期

---

① 广东公立女子教育院是一所专门收容社会上被虐待的尼姑、奴婢、妾侍、童媳、幼妓和孤儿的教养习艺机关,1912年3月设于广州芳村黄大仙祠内,广东军政府警察厅厅长陈景华主办,广州真光书院教员梁女士为第一任院长。

为上海新舞台题词[①]

（一九一二年七月）

警世钟

据北京《团结报》一九八三年二月五日《孙中山先生为新剧界题词》

[①] 新舞台,清末从事戏曲改良的团体,1908年在上海创立,潘月樵等发起组织。辛亥时,组织伶界义勇军,参与攻打江南制造局。旋又义演募捐,支援革命,受到孙中山的表彰。

为烟台张裕酿酒公司题词

（一九一二年八月二十一日）

品重醴泉

　　　　题赠张裕公司

　　　　孙　文（印）

据佚名编《总理遗墨》（印行时间不详，广东省社会科学院藏）

为《铁路协会杂志》发刊题词①

(一九一二年八月二十九日)

大道之行也

祝铁路杂志发行

孙　文

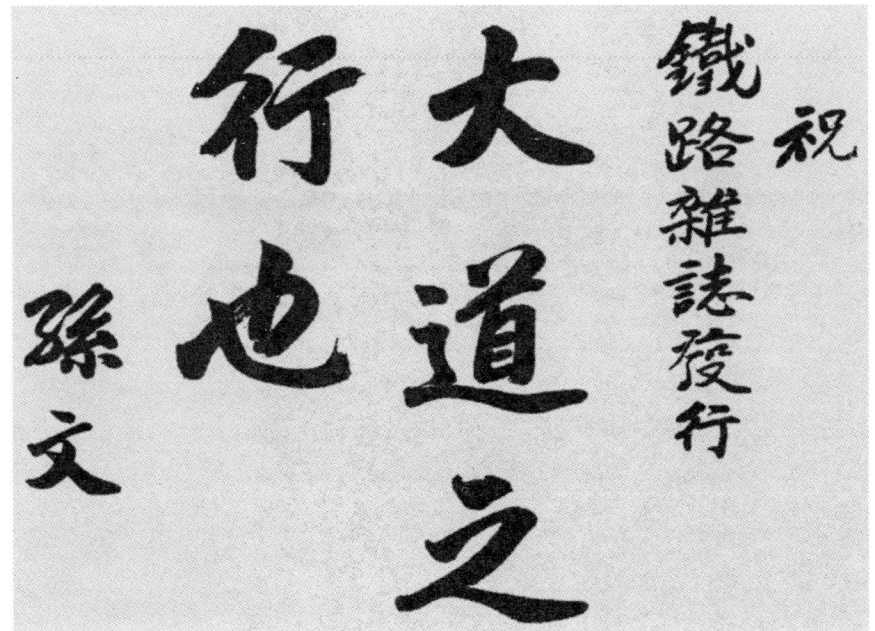

据北京《铁路协会杂志》第一卷第一号(一九一二年八月)

---

① 《铁路协会杂志》，中华全国铁路协会会刊，1912年8月在北京创刊。孙中山曾任该会名誉会长。此件系孙中山访问北京、出席该会欢迎会时所题。

为《铁道杂志》①创刊题签

（一九一二年十月十日）②

铁道

孙　文

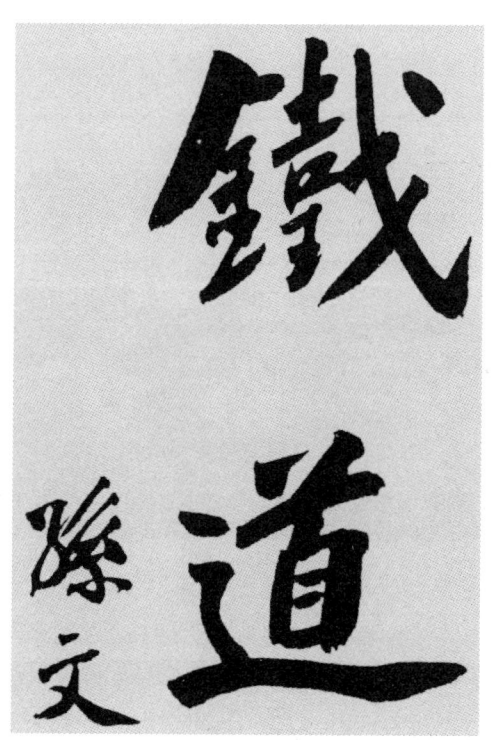

据《孙文题字手迹》，载上海《铁道杂志》第一卷第一号（一九一二年十月十日）

---

① 《铁道杂志》，中华民国铁道协会会刊。该会由原南京临时政府交通部次长于右任发起组织，1912年7月17日在上海成立，公举孙中山为会长，黄兴为副会长。
② 题书时间据出版日期标定。

为江西女子公学校题匾①

(一九一二年十月底)

江西女子公学校

孙 文

据佚名编《总理遗墨》(印行时间不详,广东省社会科学院藏)

---

① 孙中山于1912年10月25日至28日到南昌访问,这是应女子公学之请而题签的校名匾额。

为上海《神州女报》题词(一)①

(一九一二年十一月)

发达女权

孙 文

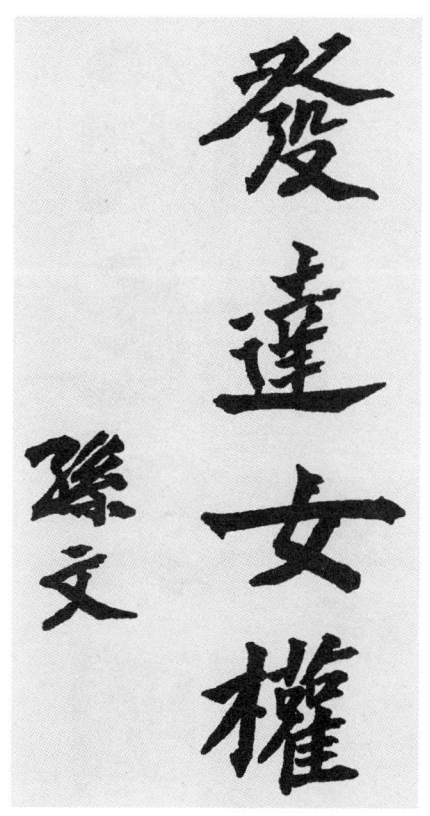

据上海《神州女报》第一期(一九一二年十一月)

---

① 《神州女报》,1912年11月发刊,初为旬报,旋改月刊,上海神州女界协济社主办。孙中山为创刊号题书"发达女权"、"同进文明"二字幅,以表祝忱。

为上海《神州女报》题词(二)

（一九一二年十一月）

同进文明

孙　文

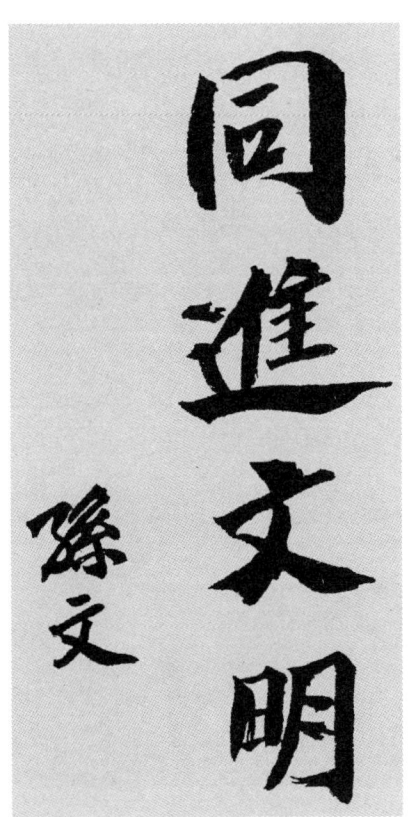

据上海《神州女报》第一期（一九一二年十一月）

挽秋瑾联①

（一九一二年十二月九日）

江户矢丹忱　感君首赞同盟会
轩亭②洒碧血　愧我今招侠女魂

据秋宗章《六六私乘》（一九三四年油印本）

---

① 此件系孙中山于12月9日到杭州凭吊公祭秋瑾时，题于秋心楼。
② 轩亭，指绍兴轩亭口。

附录　同题异文

江右矢丹忱　多君首赞同盟会
轩亭留碧血　恨我迟招侠女魂

据许启恻《分类古今联语》(台北一九七九年版)

为杭州白云庵题词①

（一九一二年十二月十一日）

明禅达义

据《浙江日报》一九八一年十月八日王维友《中山先生浙江行》

---

① 白云庵，系清末革命党秘密联络机关。孙中山访问杭州时，专程拜访白云庵智亮高僧，并亲题此匾额赠之。

挽黄钟瑛联

（一九一二年十二月二十八日）

尽力民国最多　缔造艰难　回首思南都旧侣
屈指将才有几　老成凋谢　伤心问东亚海权

孙　文（印）

据中国国民党中央文化传播委员会党史馆藏一般档案
230/2930

题　　词

（一九一二年）

民国建设

发轫于斯

孙文题

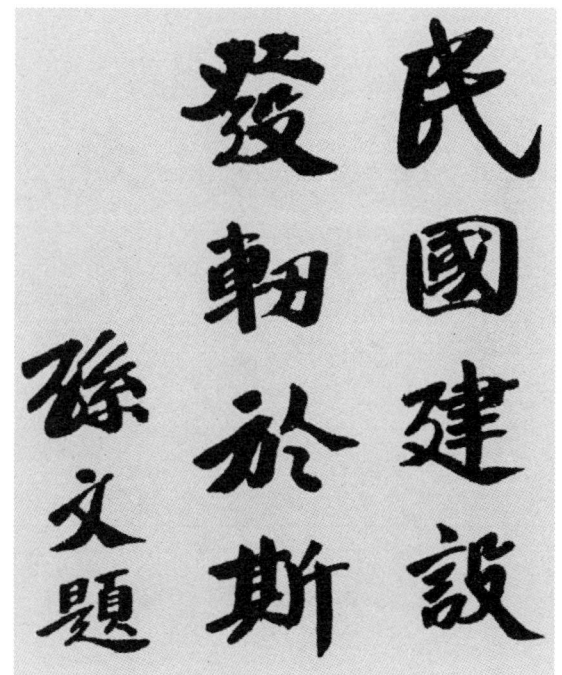

据佚名编《总理遗墨》（印行时间不详，广东省社会科学院藏）

为居正题词

(一九一二年)

美语曰　民国者　民之国也　为民而设　由民而治者也

觉生先生正
孙　文(印)

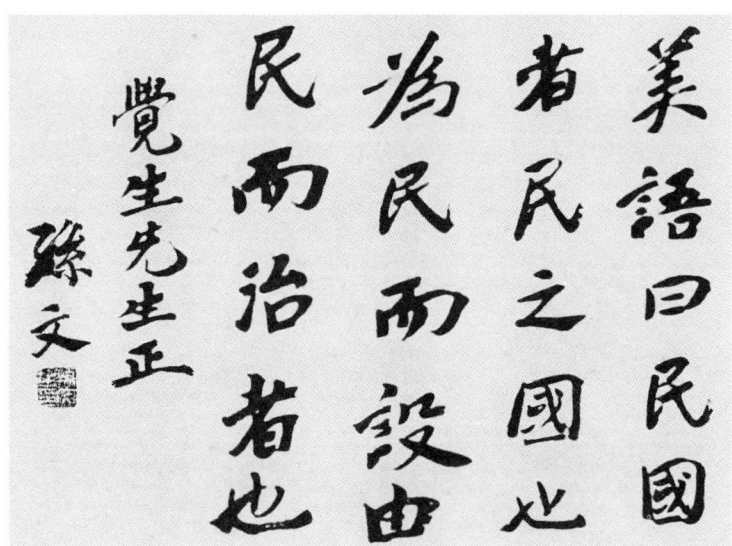

据近代中国出版社编辑委员会主编《国父图像墨迹集珍》
(台北近代中国出版社一九八四年版)

为秦毓鎏题词

（一九一二年）

乐天

效鲁兄正

孙　文（印）

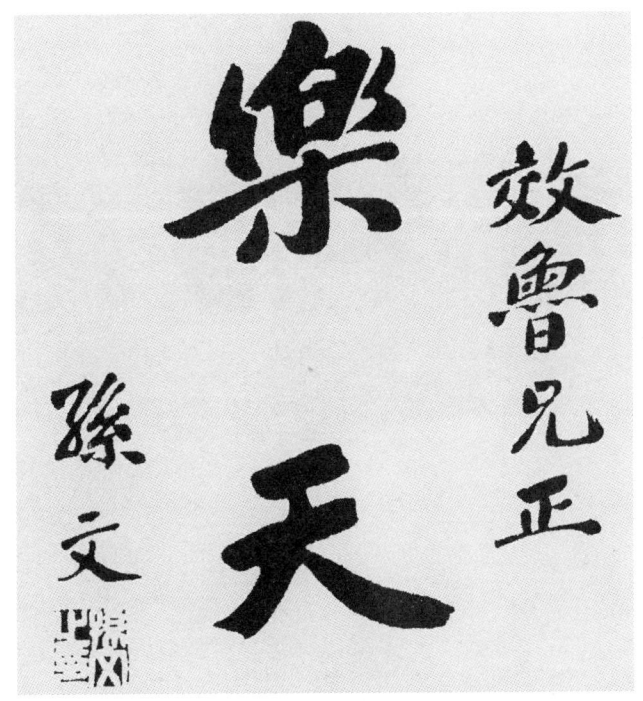

据杨政知、蔡鸿源等选编《孙中山先生墨迹》（河北人民出版社一九八六年版）

为邓慕韩题词

（一九一二年）

提倡人道

慕韩兄鉴

孙　文（印）

据中国国民党中央文化传播委员会党史馆藏一般档案 060/47

为吴樾墓题词①

(一九一二年)

浩气长存

据李宗邺《吴樾》,载黄季陆主编《革命人物志》第二集(台北一九六九年六月)

---

① 吴樾(1878—1905),安徽桐城人,1905 年潜入京师,谋刺出洋考察宪政五大臣载泽等,因炸弹自爆当场牺牲。1912 年,其弟将遗骸移葬安庆大观亭右冈,孙中山为之题书墓额。

题何天瀚墓碑

（一九一二年）

何公天瀚之墓

据赖绍祥、房学嘉编著《客籍志士与辛亥革命》（广东人民出版社一九九二年版）

为《华侨参政权全案》题签

（一九一二年）

华侨参政权全案

孙文署（印）

据《中山墨宝》编委会编《中山墨宝》第十卷（北京出版社一九九六年版）

为竹园里村题词①

(一九一二年)

竹园里

民国元年

孙　文

据《南方日报》二〇〇一年九月二十五日林楹庆《乡村牌坊再现孙中山墨宝》

---

①　竹园里是新会市大泽镇一个人口不到百人的小村庄。清末民初,竹园里籍美国华侨陈永惠参加了中国同盟会,支持革命事业,深受孙中山赞赏。其家乡原名叫"崩口村",孙中山为之改为"竹园里",并亲笔题写条幅。

题　词

（一九一三年二月十五日）①

唇齿相依

孙　文

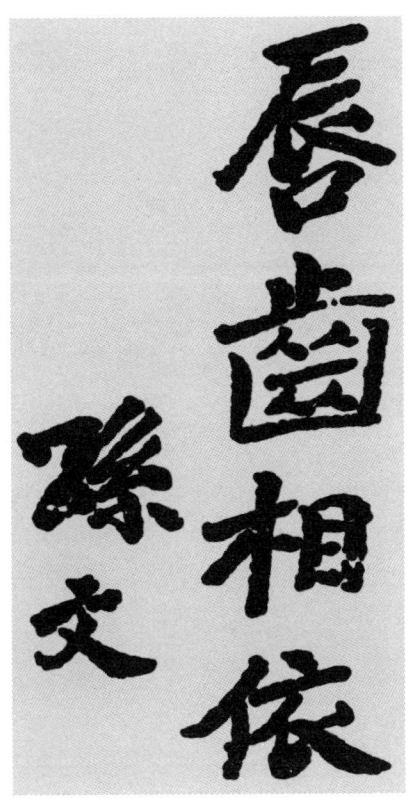

据日本《大阪每日新闻》一九一三年二月十五日

---

① 所标时间系出版日期。

为日华协会成立题词①

（一九一三年二月二十一日）

邦交雅会

据《真相画报》第十四期（一九一三年）

---

① 日华协会，亦名"中日同盟会"，1913年在日本东京成立，前日本首相兼外务大臣桂太郎发起组织，秋元子爵任会长。此件系孙中山出席日华协会午餐会时题书的大字匾额。

题山田良政纪念碑文①

（一九一三年二月二十七日）

山田良政君　弘前人也　庚子又八月　革命军起惠州　君挺身赴义　遂战死　呜呼　其人道之牺牲　兴亚之先觉也　身虽殒灭　而志不朽矣

民国二年二月廿七日

孙文谨撰并书

据广东省社会科学院藏拓片

---

① 1913年，孙中山与头山满、犬养毅、宫崎寅藏等发起修建"山田良政纪念碑"，立于东京全生庵。孙中山为之撰写碑文，犬养毅题书"山田良政君碑"碑额。

附录　同题异文[①]

　　山田良政先生　弘前人也　庚子又八月　革命军起惠州　先生挺身赴义　遂战死　呜呼其人道之牺牲　兴亚之先觉也　身虽殒灭　其志不朽矣

民国二年二月廿七日
孙文敬书(印)

据有邻堂株式会社、北京大学图书馆编《〈孙文与横滨〉展》影印件(一九八九年日文版)

[①]　此件系孙中山出席东京全生庵山田良政纪念碑落成典礼后，为山田家属书写的墓碑，个别文字与纪念碑文稍有不同。原件现由山田良政侄儿山田忠和山田顺造保存。

题赠山田浩藏①

（一九一三年二月二十七日）

若吾父

　　　　　山田老先生

　　　　　孙　文（印）

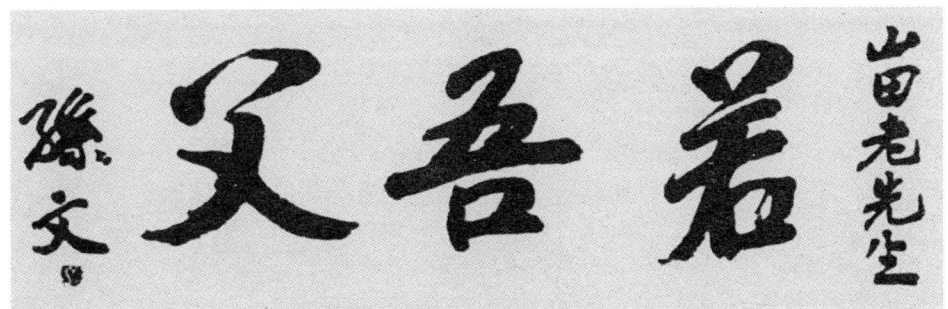

据陈鹏仁译《论中国革命与先烈》（台北黎明文化事业公司一九七九年版）

① 山田浩藏，山田良政之父。此件系孙中山在东京帝国饭店宴请山田家属时所题赠。

题赠横滨华侨学校①

（一九一三年三月六日）

为国育才

据陈灿章、李励文《孙中山革命活动与旅日华侨的关系》，载《广东文史资料：孙中山与辛亥革命史料专辑》（广东人民出版社一九八一年版）

① 横滨华侨学校，1911年广东华侨集资创办的一所完全小学，亦是革命党联络机关。是日，孙中山到校视察，并亲笔题此匾额。

为卢联业题词①

（一九一三年三月六日）②

进步

　　　　逸堂仁兄雅属

　　　　孙　文

据卢子岑《日本横滨华侨学校史料鳞爪》，载中国人民政治协商会议广东省广州市委员会文史资料研究委员会编《广州文史资料》第四十辑（广东人民出版社一九八九年版）

---

① 卢联业，字逸堂，日本横滨华侨，祖籍广东南海。同盟会员。辛亥革命后任国民党横滨支部长、横滨华侨学校董事长。卢氏一度吸食鸦片，自参加革命后，痛改恶习，孙中山特题词赞誉。
② 原件未标署时间，当系视察横滨华侨学校时题书。

为宫崎民藏题词①

（一九一三年三月十九日）

博爱行仁

    民藏先生

    孙　文（印）

据日本熊本县荒尾市宫崎家族藏件

---

① 宫崎民藏（1865—1928），宫崎寅藏胞兄。此件系孙中山到宫崎家乡荒尾村访问时书赠。

为宫崎寅藏题词[①]

（一九一三年三月十九日）

推心置腹

宫崎先生

孙　文

据《宫崎滔天集》（东京平凡社一九七六年日文版）

[①] 此件亦系访问宫崎家族时所题写。

为日本三井工业学校题词

（一九一三年三月十九日）

开物成务

　　　　　三井工业学校
　　　　　孙　文

据李娜《九州大学里的孙中山题字》，载《日语知识》二〇〇一年第五期

为丹羽翰山题词

（一九一三年三月中旬）

诗人雅兴

　　　　翰山先生正
　　　孙　文(印)

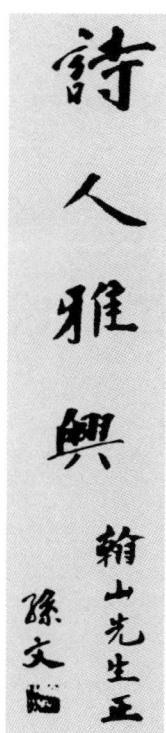

据全国政协文史资料研究委员会、中国革命博物馆联合编辑《孙中山先生画册》（中国文史出版社一九八六年版）

为大石正己题词

（一九一三年三月中旬）

自由平等

　　　　　大石先生

　　　　　孙　文

据日本《福冈日日新闻》一九一三年三月二十一日

为冈本治平题词①

（一九一三年三月）

乐趣

孙　文（印）

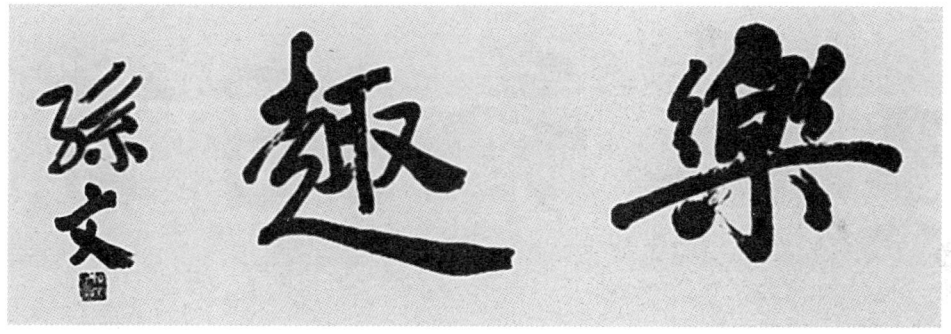

据日本《鸭江日报》一九一三年三月某日

---

① 此件为1913年3月，孙中山下榻熊本研屋旅馆，为旅馆老板冈本治平（系宫崎寅藏亲戚）所书。

题　词

（一九一三年三月）

宽阔豪气

　　　　孙　文

据中国国民党中央文化传播委员会党史馆藏一般档案 060/112

挽刀安仁[①]联

（一九一三年三月）

中华精英　癸丑同恸悲屈子
边塞伟男　辛亥举义冠遇春

据谢本书《孙中山营救傣族志士刀安仁》，载《民国春秋》一九九一年第四期

[①] 刀安仁（1872—1913），云南干崖宣抚使第二十四代土司，傣族。

挽宋教仁诔词①

（一九一三年四月十三日）

作民权保障　谁非后死者
为宪法流血　公真第一人

据上海宋教仁追悼大会会场照片，载徐血儿《宋渔父》上集（上海《民立报》一九一三年印行）

---

① 1913年4月13日，国民党上海交通部为宋教仁举行追悼大会，孙中山亲题挽词并派马君武代致悼词。

挽宋教仁联

（一九一三年四月）

　　三尺剑　万言书　美雨欧风志不磨　天地有正气　豪杰自牢笼　数十年季子舌锋　效庄生索笔

　　五丈原　一坡土　卧龙跃马今何在　冠盖满京华　斯人独憔悴　洒几点苌弘血泪　向屈子招魂

据北京《团结报》一九八二年七月三日《孙中山挽宋教仁》

为《国民月刊》①题签

（一九一三年五月二十日）②

国民

孙文题签

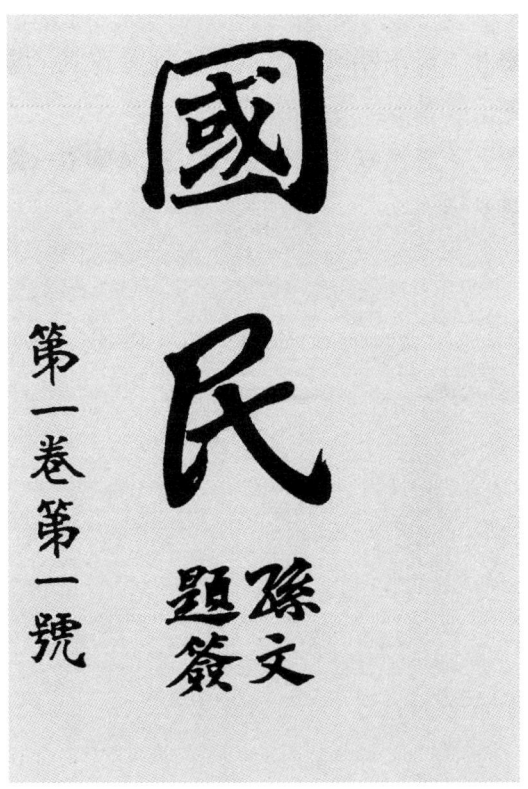

据《国民月刊》第一卷第一号（上海一九一三年五月二十日）

---

① 《国民月刊》，1913年5月20日在上海创刊，国民党上海交通部主办。
② 题书时间据《国民》创刊日期标定。

为《中华民报》①创刊周年题词

（一九一三年七月二十日）

作我民气

祝中华民报

孙　文

据《中华民报》一九一三年七月二十日

---

① 《中华民报》，同盟会重要言论机关报，日报。1912年7月20日在上海创刊，邓家彦主办。"二次革命"后被迫停刊。

为藤井悟一郎[①]题词

（一九一三年八月五日）[②]

同仁

藤井君

孙　文

据《中山墨宝》编委会编《中山墨宝》第十卷（北京出版社一九九六年版）

[①] 藤井悟一郎，台北"吾妻料理店"老板。孙中山下榻"梅屋敷别庄"时，藤井协助大和宗吉侍应，帮助摄影。

[②] 题词的时间，另据郝盛潮主编、王耿雄等编《孙中山集外集补编》（上海人民出版社1994年版）一书插页影印件说明文字记为"1913年8月4日"，待考。

为头山满题联[1]

（一九一三年八月三十一日）

西彦曰血重于水
东古训唇齿相依

      头山先生正
      孙　文

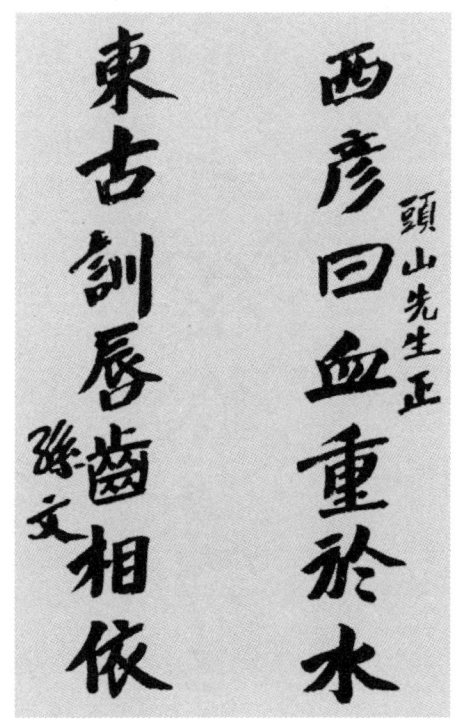

据日本《头山满写真集》（出版时间不详）

---

[1]　此件题于头山满寓所，辑入《头山满写真集》，编者作题注称：此"头山家唯一之孙文氏笔迹"。

题　　词

（一九一三年十二月）

一心一德抵艰难

　　　　　　　　孙　文

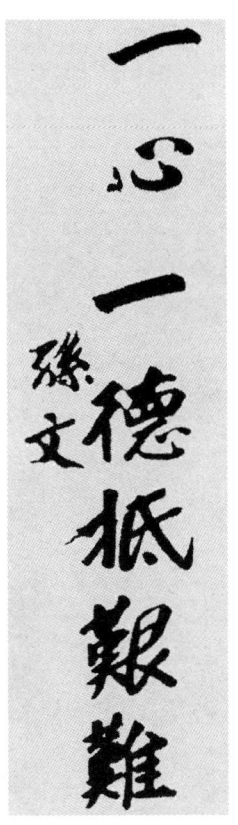

据近代中国出版社编辑委员会主编《国父图像墨迹集珍》
（台北近代中国出版社一九八四年版）

为西柊学校题词[1]

（一九一三年）

子善为师

据广东中山市张家边区志编写小组《张家边区志》（花城出版社一九九四年版）

---

[1] 西柊学校，由香山县西柊村人、同盟会员朱卓文主持创办，孙中山在该校开幕时题词祝贺。

为日本九州大学题词

(一九一三年)

学道爱人

孙　文

据李娜《九州大学里的孙中山题字》,载《日语知识》二〇〇一年第五期

题 赠 黄 兴 联

（一九一四年六月二十七日）

安危他日终须仗

甘苦来时要共尝

集古句赠别

克强同志

孙　文（印）

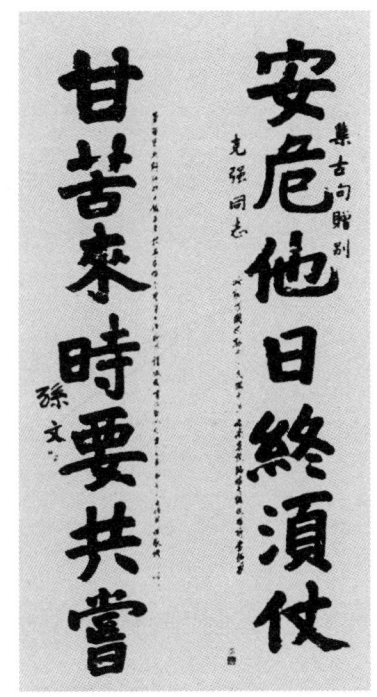

据中国国家博物馆藏件

题 赠 某 君 联①

(一九一四年秋)

依民意国建
逆民意国亡

　　　　　　　一九一四年仲秋
　　　　　　　孙　文(印)

据秦孝仪主编《国父全集》第九册(台北近代中国出版社一九八九年版)

---

① 此件为犬养毅(别号木堂)收藏,犬养作跋云:"孙文君之书,印昌硕之刻,可谓古今金言。木堂藏。"

为戴季陶题词①

(一九一四年冬)

澹薄明志

宁静致远

孙 文

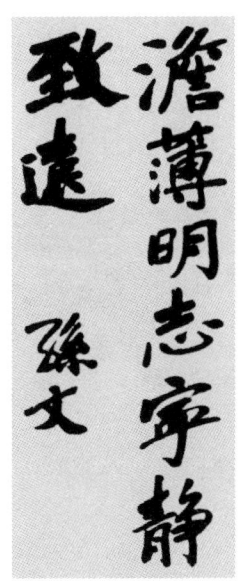

据中国第二历史档案馆藏件

---

① 此件于1914年冬题于日本东京,戴季陶在题词左下角题注:"癸丑之冬,奉总理命赴江户,随侍者展堂、苍(沧)白、觉生、静江、介石、仲元、汝为、执信,时常在灵南坂立云静室听总理讲说世界大势与中国革命建国方略。第二次制定之《革命方略》即此时期,总理广纳众意,会议讨论而亲自主席作最后决定者。会议四十余次,时仅百日。传贤每奉命任书记,贤因事不能出席时,多由展堂、沧白任之。其时之同志,皆一心一德,既贫且苦,而亲如手足。此轴乃以会议公余之暇,请总理暨在席同志书作纪念者,惜胡(汉民)、廖(仲恺)两公已占尽余白耳! 时自总理夫人以至亡妻有恒,皆在东京,是最苦之时,亦最难得之会也。传贤敬志于待贤馆(印)。"胡汉民在同一字幅上题"天下之动贞夫一者也";廖仲恺题"天时不如地利,地利不(如)人和"。

为朱之洪题词

（一九一四年前后）①

海阔天空

      叔痴先生

      孙　文（印）

据《中山墨宝》编委会编《中山墨宝》第十卷（北京出版社一九九六年版）

---

① 原件未标署时间，据记载，朱之洪系"二次革命"失败逃亡日本时，才与孙中山结识，题词当书于此时，故酌定为1914年前后。

题赠朱之洪联

（一九一四年前后）

天地本逆旅
道义凭仔肩

　　　　叔痴先生鉴
　　　　孙　文（印）

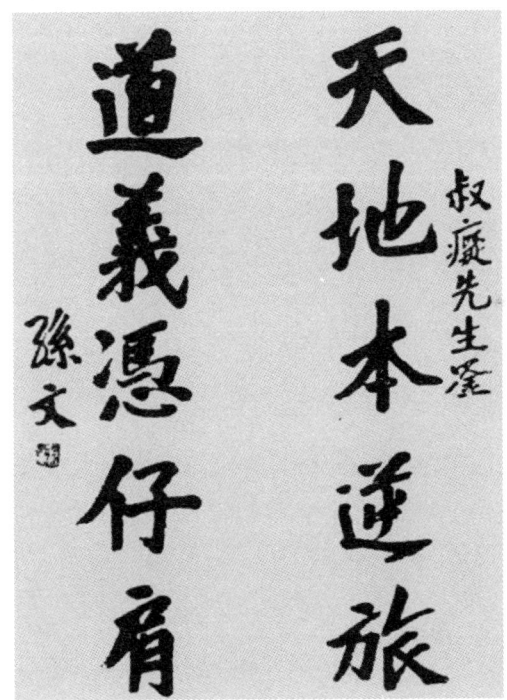

据中国国民党中央文化传播委员会党史馆藏一般档案060/74

为邵元冲题词

（一九一四年）

宁静致远

　　　　元冲兄属

　　　　孙　文

据刘望龄辑注《孙中山题词遗墨汇编》（华中师范大学出版社二〇〇〇年版）

为《民国》①杂志题词

(一九一四年)②

三民主义

孙　文(印)

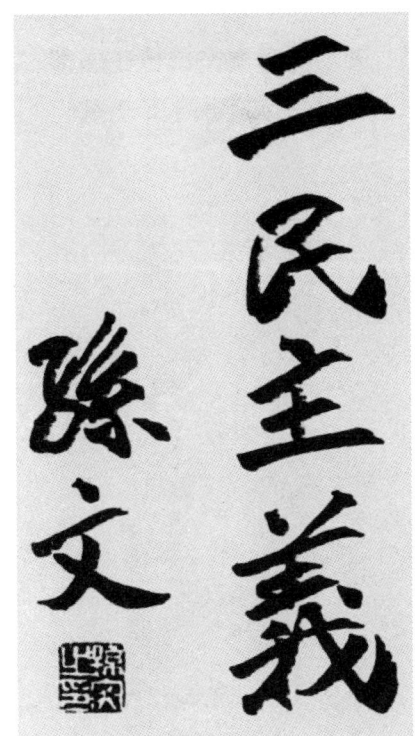

据中国国民党中央文化传播委员会党史馆藏一般档案060/64

---

① 《民国》杂志,中华革命党机关刊物,月刊,1914年5月10日在日本东京创刊,停刊时间不详。
② 原件未标署时间,据查,《民国》杂志仅见1914年所出六期,故据此酌定书于是年。

为金少穆题赠挽联

（一九一四年）

天不许再到东京生还忠郡
君岂忍远离西蜀死于夔门

孙　文(印)

据钟达《孙中山给我表叔赠挽联》，载《文史月刊》二〇〇一年第十一期

为李稣阳题词①

(一九一五年冬)②

高瞻远瞩

　　　　　　裴知先生属

　　　　　　孙　文

据周勇《辛亥革命重庆纪事》(重庆出版社一九八六年版)

---

① 李稣阳(？—1930)，字裴知，云南恩安人。早年留学日本，加入同盟会。1915年，慷慨捐资3万元，作策动肇和兵舰起义之用。孙中山为此题词奖谢。

② 原件未标署时间，参照肇和兵舰于1915年12月起义的时间酌定。

为吴锦堂题词

（一九一五年）

热心公益

据北京《团结报》一九八五年八月三日戴尧宏《吴锦堂与孙中山的交往》

题赠梅屋庄吉

（一九一四年至一九一六年间）

同仁

梅屋先生
孙　文（印）

据俞辛焞、熊沛彪《孙中山宋庆龄与梅屋庄吉夫妇》（中华书局一九九一年版）

题赠梅屋庄吉夫人[①]

（一九一四年至一九一六年间）

贤母

孙　文

据俞辛焞、熊沛彪《孙中山宋庆龄与梅屋庄吉夫妇》（中华书局一九九一年版）

---

① 梅屋庄吉夫人，原名香椎德子，长崎人。此件题于和服外套后背上。

为日本《洪水以后》杂志创刊题词①

（一九一六年一月一日）

独开生面

孙　文(印)

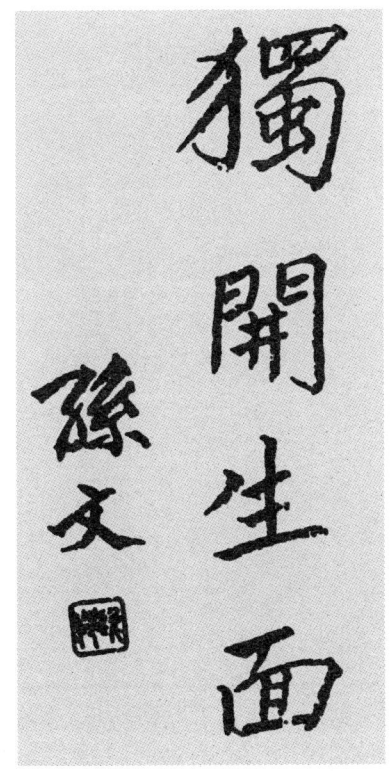

据日本《洪水以后》杂志第一号第十四页（一九一六年一月一日）

---

①　《洪水以后》杂志，旬刊，1916年1月1日创刊。此件插登于创刊号茅原华山《悲壮精神》一文之中，该文论述人类与地球的关系，别出一格，"独开生面"。题词似为《洪水以后》创刊而题。

悼陈其美挽词

（一九一六年五月十八日）

失我长城

据莫永明《孙中山陈英士蒋介石关系述论》，载《史林》一九八八年第二期

悼陈其美挽额[①]

（一九一六年五月）

成仁取义

孙　文

据陈其美墓坊表石刻照片

[①] 此系为追悼大会题书的挽额。1917年刻于湖州陈其美墓石坊上。

为国民党都城总分部题词①

（一九一六年六月）

同心救国

　　　　　　都城总分部
　　　　　　孙　文

据戴山《国父与多伦多》，载《国立国父纪念馆刊》第三期（台北一九九九年五月）

---

①　1916年，国民党美洲总支部成立后，在同年6月29日给予加拿大都朗度（今译多伦多）总分部的注册证书中附有孙中山所书的此幅题词。

悼龚铁铮挽联①

(一九一六年七月二十八日)②

可怜麟凤供炰脯

如此江山待袯除

据上海《民国日报》一九一六年七月二十九日《旅沪湘人举行龚炼百追悼大会》

---

① 龚铁铮(1888—1916),湖南湘乡人。清末留学日本,入同盟会。1916年2月回湘讨袁遇难。7月28日,旅沪湘人为其举行追悼大会,孙中山题联相挽。
② 题书时间据追悼会日期标定。

为浙江省议会题词①

（一九一六年八月十八日）

国家之基础是建筑在人民身上

　　　　　　　　　　孙　文

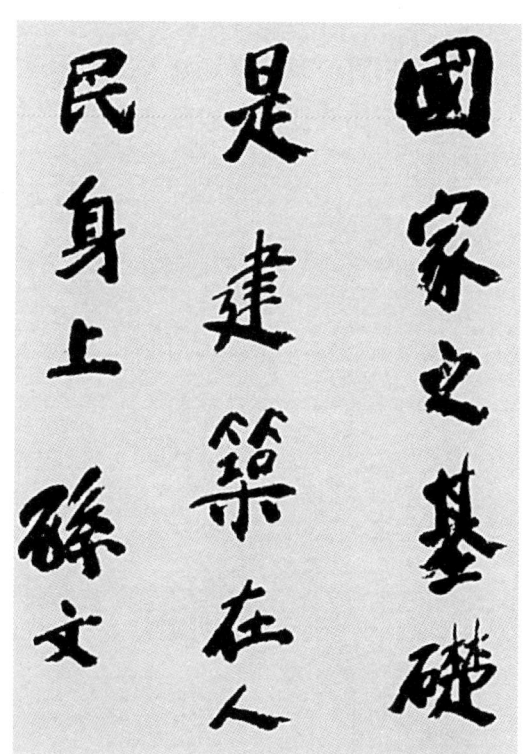

据《中山墨宝》编委会编《中山墨宝》第十卷（北京出版社一九九六年版）

---

① 孙中山应浙督吕公望邀请，于1916年8月16日至19日到杭州访问。18日，浙江省议会举行欢迎会，孙中山到会发表"地方自治乃建设国家之基础"的演讲并题词。

为陶荫轩题词①

（一九一六年八月二十日）

经纬万端

　　　　陶荫轩先生属

　　　　孙　文

据上海《民国日报》一九一六年八月二十三日《孙中山先生越游记》

---

①　陶荫轩，名恩沛，绍兴实业家。孙中山一行访问绍兴时，陶与绍兴知事宋承家、绍兴中国银行行长孙寅初、《越铎日报》社长孙德卿等在文明新剧场举行欢迎酒会。会后，孙中山应请分别为他们题词。

为孙寅初题词

（一九一六年八月二十日）

有道

据上海《民国日报》一九一六年八月二十三日《孙中山先生越游记》

为岩田爱之助题词

（一九一六年八月中旬）

坐看云起时

　　　　岩田先生属

　　　　孙文逸仙

据《中山墨宝》编委会编《中山墨宝》第十卷（北京出版社一九九六年版）

题赠裘吉生词①

（一九一六年八月二十一日）

救民疾苦

孙文题词

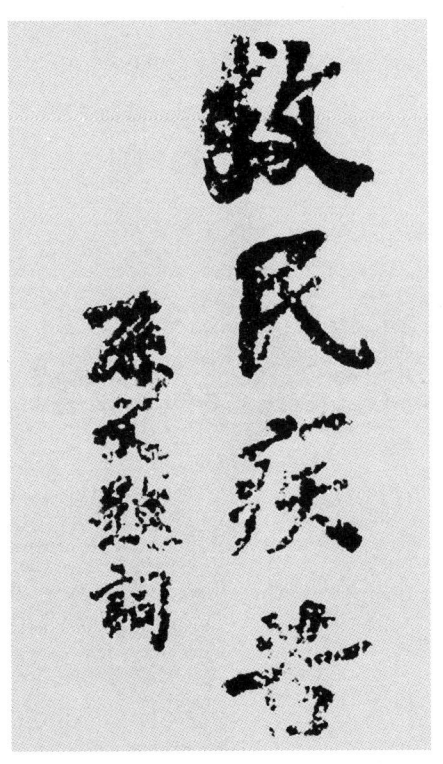

据上海《民国日报》一九一六年八月二十三日《孙中山先生越游记》

---

① 裘吉生(1873—1947)，浙江绍兴人。光复会、同盟会会员。1907年参与秋瑾、徐锡麟领导的皖浙起义活动，事败亡命日本。辛亥革命后返绍兴从医。孙中山一行访绍时，亲书"救民疾苦"四字。

为孙德卿题词

（一九一六年八月二十一日）

大同

孙　文（印）

据朱仲华《我有幸多次得见孙中山先生》，载中国人民政治协商会议浙江省委员会文史资料研究委员会编《浙江文史资料选辑》第三十二辑《孙中山与浙江》（浙江人民出版社一九八六年版）

悼陶成章挽额

（一九一六年八月二十一日）

气壮河山

　　　　焕卿同志千古

　　　　孙　文

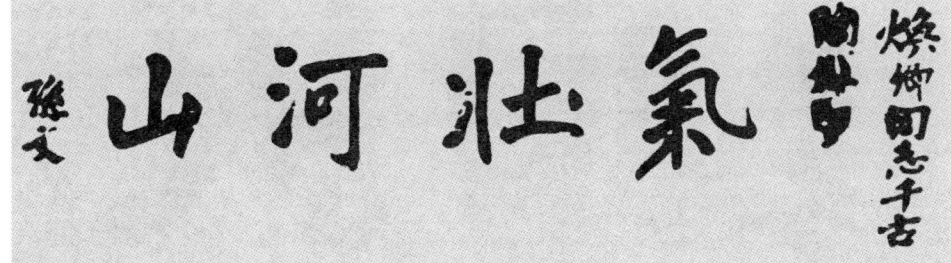

据《浙江画报》一九八一年第十期

为普陀山僧题词(一)

（一九一六年八月二十五日）

与佛有缘

据上海《民国日报》一九一六年八月二十七日《孙先生象山群岛之俊游》

为普陀山僧题词(二)

(一九一六年八月二十五日)

常乐

据上海《民国日报》一九一六年八月二十七日《孙先生象山群岛之俊游》

为普陀山前寺法堂题签

（一九一六年八月二十五日）

我净法堂

据上海《民国日报》一九一六年八月二十七日《孙先生象山群岛之俊游》

为太虚和尚诗录题签①

(一九一六年八月二十五日)

昧盦诗录

据上海《民国日报》一九一六年八月二十七日《孙先生象山群岛之俊游》

---

① 太虚和尚(1890—1947),字太虚,号昧盦,浙江崇德(今属桐乡)人。此系孙中山游普陀山时,为太虚诗录题签的书名。

题竞雄女学校训[①]

（一九一六年九月二十七日）

勤敏朴诚

      竞雄女学校训

      孙　文(印)

据《中山墨宝》编委会编《中山墨宝》第十卷（北京出版社一九九六年版）

---

① 竞雄女学，1912年秋在上海创办，为纪念秋瑾而设，秋社主办。1916年8月，孙中山访问杭州，曾赴秋社凭吊，对烈士感念不已，返沪后书此校训寄赠，同时题书"巾帼英雄"一幅，以志悼念。

题秋瑾匾额

（一九一六年九月二十七日）①

巾帼英雄

鉴湖女侠千古

孙　文

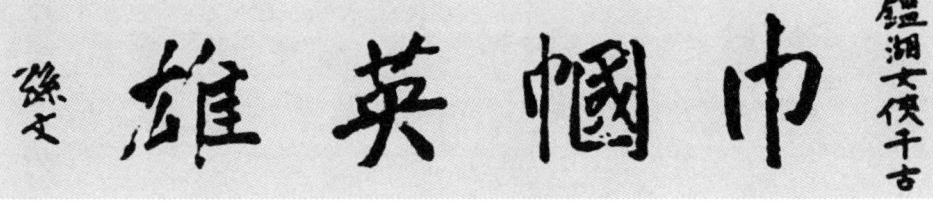

据王灿芝《秋瑾女侠遗集》（上海中华书局一九二九年版）

---

① 一说题于1912年12月9日，与"江户矢丹忱，感君首赞同盟会……"一幅同时题书。

为海宁观潮亭题词①

（一九一六年九月）

猛进如潮

孙　文(印)

据《浙江日报》一九八一年十月八日王维友《中山先生浙江行》

---

① 1916年9月15日，孙中山偕宋庆龄等到海宁盐官镇"三到亭"观潮，海宁老同盟会会员许行彬请孙中山为新亭题词。孙回到上海后，亲书"猛进如潮"四字寄送，并嘱"悬于观潮之新亭"。后因新亭未建，经地方公议，装裱悬挂于海宁乙种商科职业学校大礼堂门口。

题　　词[①]

（一九一六年九月）

世界潮流　浩浩荡荡
顺之则昌　逆之则亡

孙文题（印）

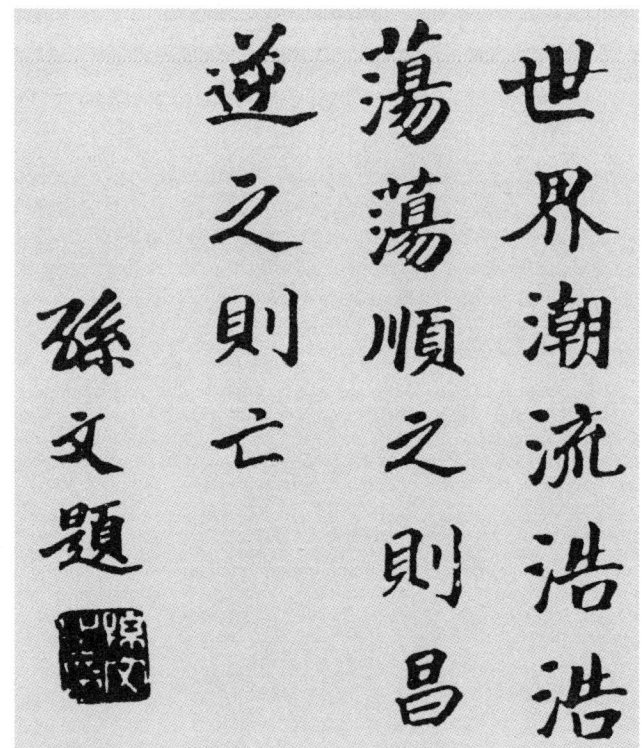

据佚名编《总理遗墨》（印行时间不详，广东省社会科学院藏）

[①]　此件题于1916年9月15日海宁观潮之后。

为黄申芗母寿庆题祝①

（一九一六年九月）

福寿

　　　　黄老夫人七十大庆

　　　　孙文拜题（印）

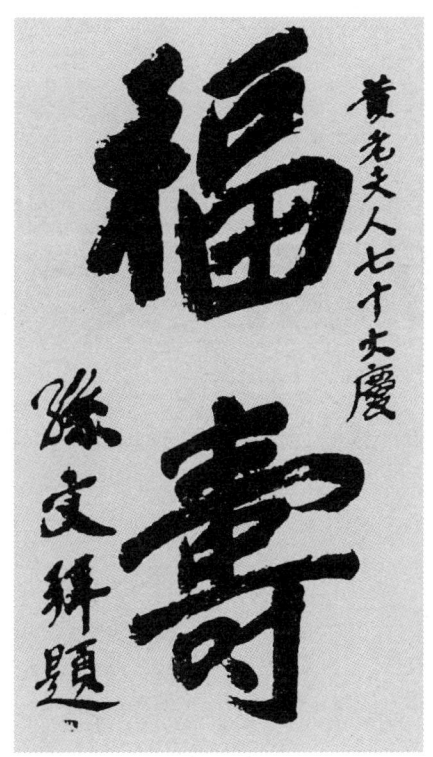

据武汉辛亥革命武昌起义纪念馆藏件

---

① 黄申芗（1884—1942），湖北人，1914年参加中华革命党，任湖北靖国军参谋长。其母七十大寿时，孙中山亲书"福寿"中堂致贺。原件现存湖北武昌起义纪念馆。

题赠蒋介石母王太夫人

（一九一六年十月）

教子有方

孙文敬题（印）

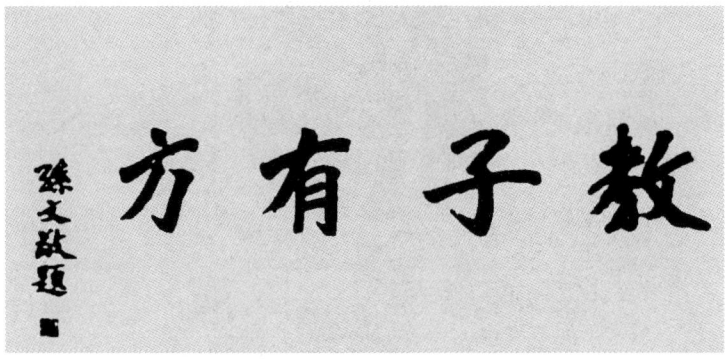

据佚名编《总理遗墨》（印行时间不详，广东省社会科学院藏）

挽萧其章

（一九一六年秋）

杀身成仁

据黄季陆主编《革命人物志》第七集（台北一九七一年六月）

为胡毅生题联

（一九一六年十二月前）①

驱除鞑虏　恢复中华
创立民国　平均地权

毅生同志
孙　文（印）

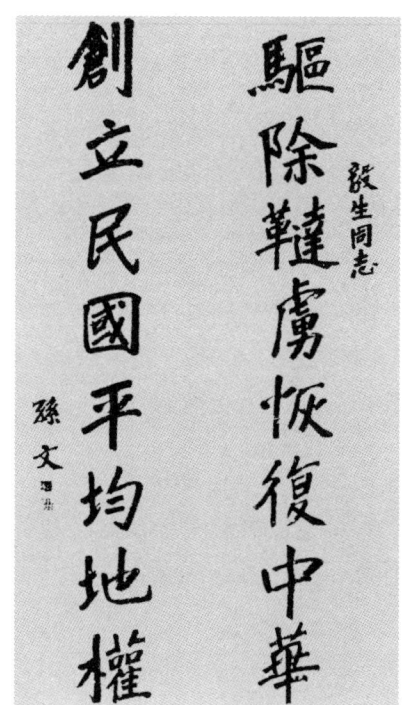

据中国国民党中央文化传播委员会党史馆藏原件

---

① 原件未标署时间，题词所盖印章上有"民国五年十二月陈融谨篆"字样，当书于1916年12月前。

挽 黄 兴 联

（一九一六年十二月二十一日）

常恨随陆无武　绛灌无文　纵九等论交到古人　此才不易
试问夷惠谁贤　彭殇谁寿　只十载同盟有今日　后死何堪

据上海《民国日报》一九一六年十二月二十二日《黄先生开吊第一日记》

题沈缦云像赞①

（一九一六年十二月）

如见故人

孙文题（印）

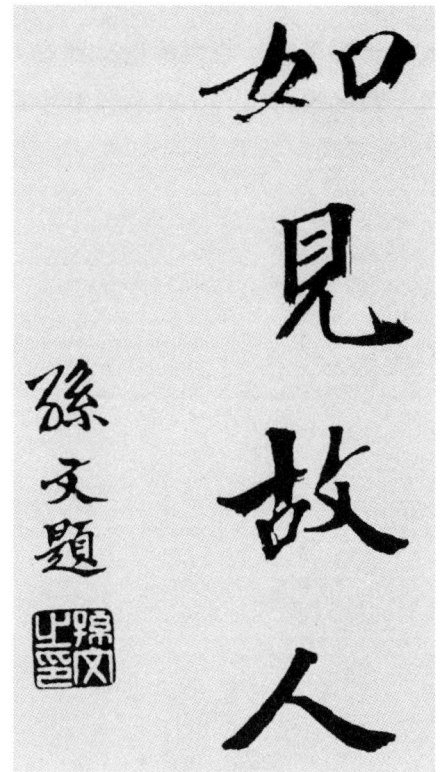

据沈氏后人沈云荪藏件

---

① 此件有的记载为1915年7月沈缦云在大连遭袁世凯特务毒杀后，孙中山题书的挽额。待考。

为山田纯三郎题词

（一九一六年）

至诚如神

　　　　山田先生属

　　　　孙　文（印）

据《孙文先生与日本关系画史》（东京大日本印刷株式会社一九六六年版）

题赠山田纯三郎

（一九一六年）

辅车相依

　　　　山田兄鉴

　　　　孙　文

据《孙文先生与日本关系画史》（东京大日本印刷株式会社一九六六年版）

为蒋介石题词

(一九一六年)

静敬澹一

　　　介石我兄属
　　　孙　文(印)

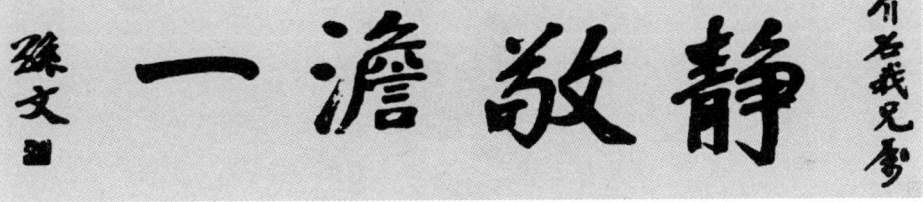

据佚名编《总理遗墨》(印行时间不详,广东省社会科学院藏)

题熊持危范伯林墓碑

（一九一六年）

捐躯为国

　　　　熊君持危范君伯林
　　　　暨熊君夫人张氏合葬墓碑
　　　　孙文题（印）

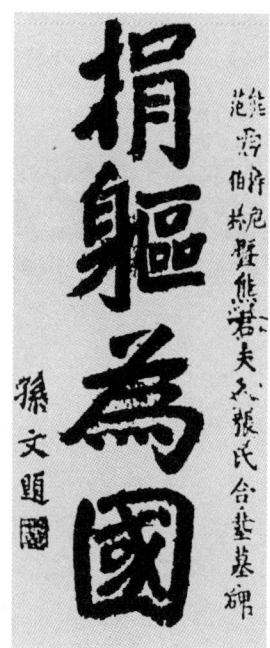

据《中国文物报》一九九三年十一月七日吴晓松《黄冈馆藏孙中山题字墓碑》

题李祺礽墓碑

（一九一六年）

李祺礽君之墓

民国五年

孙文题（印）

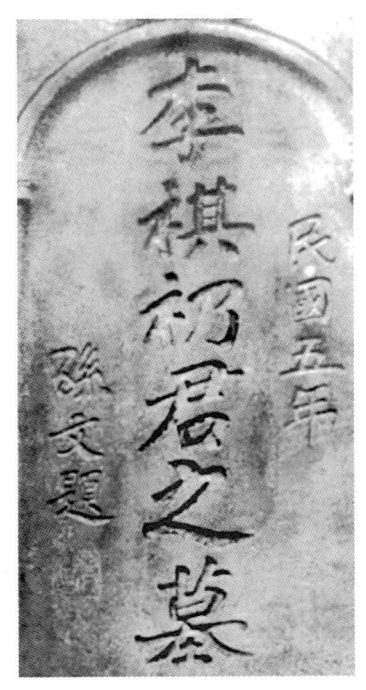

据中国国民党中央文化传播委员会党史馆藏一般档案 060/66

挽蔡锷联①

（一九一七年四月十二日）

平生慷慨班都护
万里间关马伏波

据刘达武、李剑农、石陶钧编《蔡松坡先生遗集》（亚东印书局一九四三年版）

---

① 蔡锷于1916年11月8日在日本病逝，1917年4月12日在长沙举行国葬。此件系为国葬典礼而致送的挽联。

题陈其美墓碣①

（一九一七年五月）②

陈公英士之墓

民国六年

孙文敬题

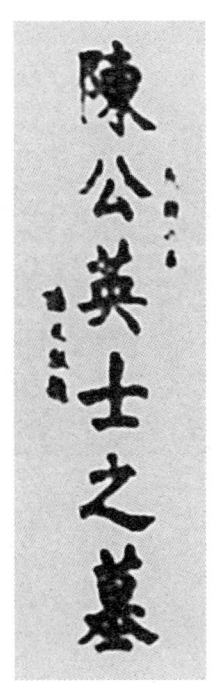

据上海《民国日报》一九一七年五月二十一日《陈英士先生归葬续记》

---

① 陈其美墓在今浙江湖州岘山脚下，系1917年5月18日陈其美遇害周年纪念日时归葬于此。
② 题书时间据归葬年月酌定。

悼孙昌挽词[①]

（一九一七年十一月）

为国捐躯

孙文题

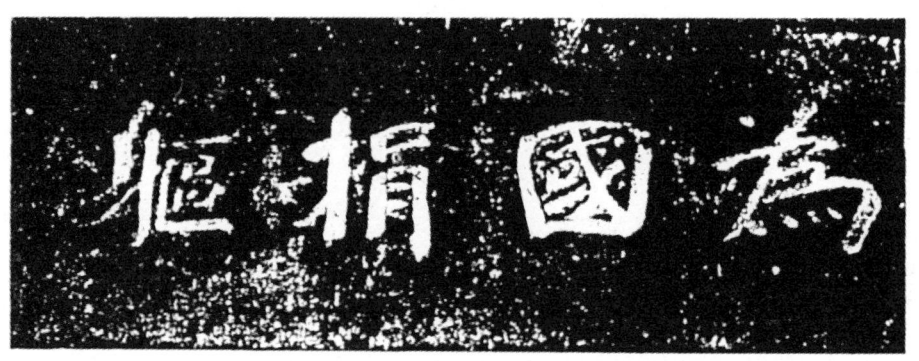

据李伯新、黄彦《翠亨孙中山故居》（文物出版社一九八一年版）

[①] 孙昌（1881—1917），孙眉子，孙中山胞侄。1914年参加中华革命党，1917年任海陆军大元帅府别动队司令。是年11月20日亲自押运军饷去黄埔，误入海圻舰警戒线，水兵开枪射击，孙昌溺水殉职。孙中山亲题"为国捐躯"四字相挽，刻石立于墓前。原葬于广州黄埔公园，1936年迁葬故里翠亨村犁头山。

为肇庆庆云寺题词

（一九一七年冬）

一切有情
众生平等

孙　文

据《旅游报》一九八一年六月十六日刘明安《宋庆龄同志为鼎湖山题字》

为陈祝龄题词①

（一九一七年前后）

乐善好施

据陈纪鸿《记乐善好施的陈祝龄》，载《高要文史》第二辑（一九八六年九月）

---

① 陈祝龄（1870—1929），天津英商怡和洋行买办。1917年，广东发生水灾，陈慷慨捐资五万元进行赈济，孙中山为此题颁嘉奖。

贺山田浩藏八秩荣庆联

（一九一七年）

美意延年宜登上寿
高怀旷代合应昌期

     山田先生八秩荣庆
     孙文敬祝

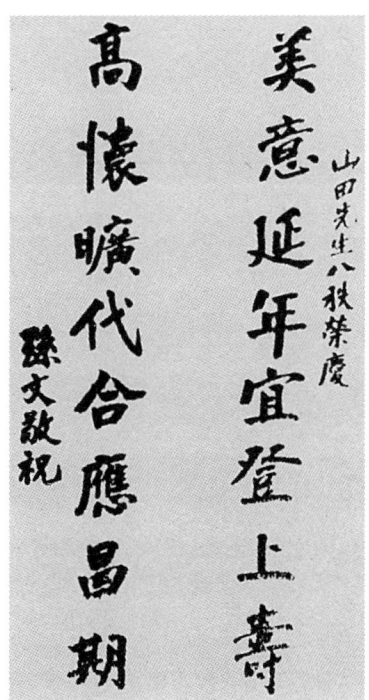

据《孙文先生与日本关系画史》（东京大日本印刷株式会社一九六六年版）

为向楚题词

（一九一七年）

蔚为儒宗

　　　　仙乔先生雅属

　　　　孙　文

据陈宛茵《向楚所走的革命道路》，载中国人民政治协商会议四川省重庆市委员会文史资料研究委员会编《重庆文史资料选辑》第三十六辑（西南师范大学出版社一九九一年版）

为吴宗慈母七秩荣庆题祝①

（一九一七年）

寿

吴母刘太夫人七秩荣庆

孙文敬题

据中山大学孙中山纪念馆藏件

---

① 据吴宗慈于寿幅背面注文称：此件系1917年在广东汕头题书。

祝童洁泉①先生七十寿

（一九一七年至一九一八年间）

阶前双凤戾天飞　　览揆年华届古稀
治国安民儿辈事　　居仁由义我公徽
王槐花照瑶觥宴　　窦桂香凝绿舞衣
所欲从心皆絜矩　　兰孙绕膝庆祥晖

据《中华民国诗三百首》（杭州宋经楼书局，印行时间不详）

---

① 童洁泉，浙江人，广州海陆军大元帅府参议童杭时之父。

悼程璧光挽额[①]

（一九一八年四月二十八日）

耿烈长昭

据程璧光追悼会筹备处编印《程玉堂先生荣哀录》（印行时间不详）

[①] 军政府海军总长程璧光于1918年2月16日遇刺逝世，4月28日举行追悼会，此系孙中山为追悼会题书的挽额。

附录 同题异文

忠烈长昭

据上海《民国日报》一九一八年五月八日《追悼程故总长之情形》

题祝《工业星期报》出版①

（一九一七年九月至一九一八年五月间）②

品汇万殊　惟工廼成
崇论宏议　壅本培根
恢扬物力　导引国民
楙厥桀獶　树此风声

　　　　　　　　祝
　　　　　　工业星期报出版
　　　　　　孙　文(印)

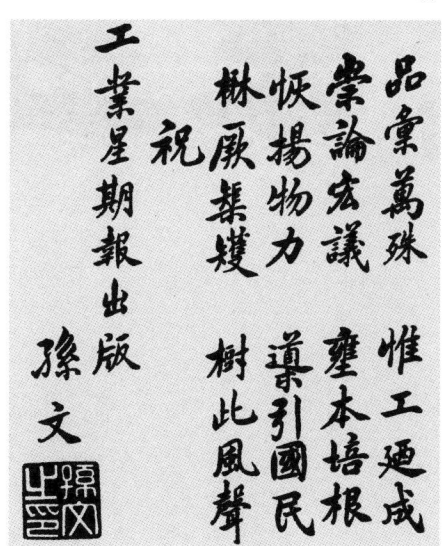

据中国国民党中央文化传播委员会党史馆藏一般档案 060/27

---

① 题词系他人代笔。
② 原件未标署时间，据次页有护国军政府陆军总长张开儒的题词推断，当书于张氏在职时的1917年9月至1918年5月间。

为中国精益眼镜公司题词①

（一九一八年春夏间）

精益求精

　　　　　孙　文

精益求精　孙文

据上海孙中山故居藏件

---

① 此件系1918年春夏间，孙中山到中国精益眼镜公司广州分店配镜时，应该店经理之请而题。

为松口镇绅商会题词①

（一九一八年五月二十七日）

见义勇为

据赖绍祥、房学嘉编著《客籍志士与辛亥革命》（广东人民出版社一九九二年版）

---

① 松口镇，在今广东梅川。此件系孙中山视察松口绅商会时所题写。

题赠谢元骥联(一)①

(一九一八年五月二十九日)

博爱从吾好

宜春有此家

逸桥兄属
孙　文

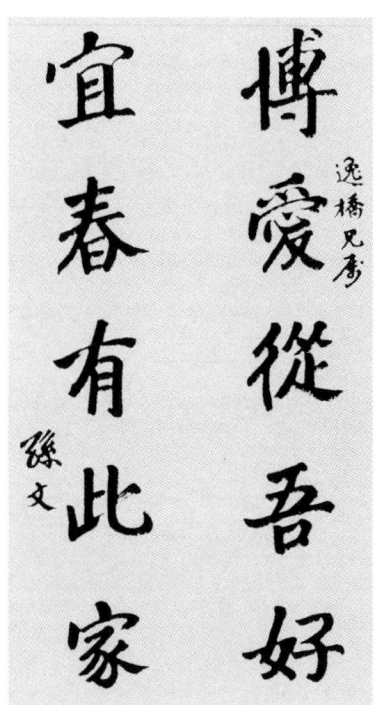

据广州《羊城晚报》一九八一年十月十日宇浩、文澹《孙中山与侨乡松口》

---

① 此联刻于谢氏府第"爱春楼"大门两侧。

题赠谢元骥联(二)

(一九一八年五月二十九日)

爱国爱民　玉树芝兰佳子弟
春风春雨　朱楼画栋好家居

据广州《羊城晚报》一九八一年十月十日宇浩、文澹《孙中山与侨乡松口》

为《谢逸桥诗钞》题词

（一九一八年五月二十九日）

　　吉光片羽珍同璧　　潇洒追秦七　　好诗读到谢先生　　别有一番天籁任纵横

　　五陵结客赊豪兴　　挥金为革命　　凭君纫带作桥梁　　输送侨胞热血慨而慷

据北京《团结报》一九八四年三月十日《孙中山为〈谢逸桥诗钞〉题词》

为织田英雄题词①

（一九一八年六月八日至九日间）

大道之行也天下为公

孙 文

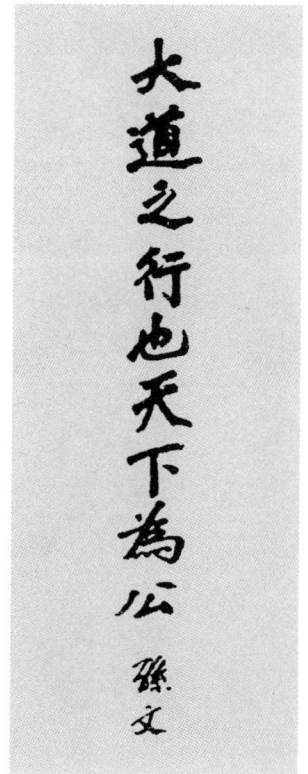

据日本《朝日新闻》一九八二年六月十五日

---

① 织田英雄，信浓丸事务长。此件题于白绢布上。

为田中隆题词①

（一九一八年六月十日）

至诚感神

孙　文（印）

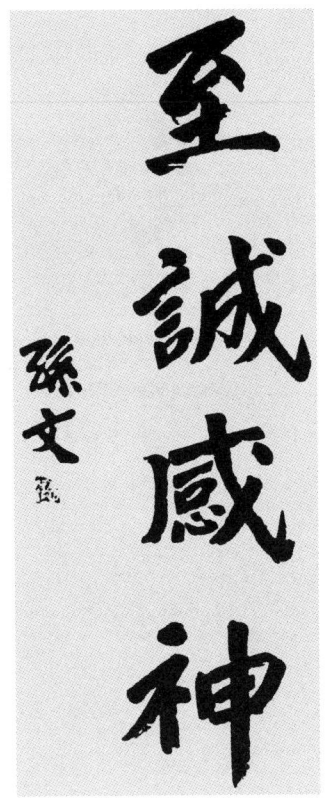

据陈固亭《国父与田中隆》，载《国父与日本友人》（台北幼狮文化事业公司一九七七年版）

---

①　原件题有上款。

题赠宫崎寅藏联①

（一九一八年六月十一日）

环翠楼②中虬髯客
涌金门③外岳飞魂

据胡汉民《不匮室诗抄》卷八（一九三六年私刻本）

① 是时，宫崎寅藏为孙中山访问箱根举行接风宴，席间出纸求书，孙欣然命笔，题此佳句。
② 环翠楼，在日本箱根，接风宴即在此举行。
③ 涌金门，在浙江杭州。

悼山田良政挽词[①]

（一九一八年七月二十八日）

丹心千古

据上海《民国日报》一九一八年七月二十九日《日本义士山田良政氏追悼会记》

[①] 是日，革命党人在上海举行追悼大会，纪念1900年在惠州起义中捐躯的日本志士山田良政。孙中山亲书"丹心千古"四字相挽。

为蒋介石母王太夫人修谱纪念题词

（一九一八年九月）

广慈博爱

　　　　　蒋母王太夫人修谱纪念
　　　　　民国七年九月
　　　　　孙文敬题（印）

据佚名编《总理遗墨》（印行时间不详，广东省社会科学院藏）

挽陈家鼎母邓太夫人联

（一九一八年十月二十四日）

生于九月　殁于九月
男善汉书　女善汉书

据许华《陈家鼎传》，载《民国档案》一九八七年第一期

---

① 陈母于1918年10月23日在上海逝世，孙中山与章太炎、刘人熙、谭人凤联名发布讣告，主持丧事，并题词表旌。陈氏兄妹六人，弟家鼐、家声、家霖、妹家英、家庆，皆善文词，孙中山故以编纂《汉书》的班固兄妹相喻相誉。

为庾恩旸①题词

（一九一八年）

应为雄鬼

孙文题

据杨政知等选编《孙中山先生墨迹》（河北人民出版社一九八六年版）

---

① 庾恩旸（1884—1918），云南墨江人，滇军将领。1911年，策划及参与云南"重九起义"。1918年2月18日在贵州毕节遇刺身亡。

题贺邓泽如寿诞①

（一九一八年）

仁者多寿

据陈民《民国华侨名人传略》（中国华侨出版公司一九九一年版）

---

① 此件系为邓泽如五十寿辰题书的祝词。

题　　词

（一九一八年）

百折不回

孙　文（印）

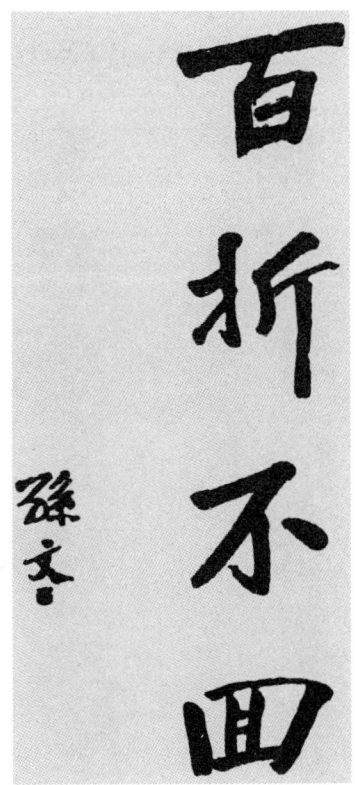

据《中山墨宝》编委会编《中山墨宝》第十卷（北京出版社一九九六年版）

祝蒋介石母五五寿庆联

（一九一八年）

素行乎丰约夷险
斯锡之福寿康强

蒋母王太夫人五十晋五荣庆
孙文敬祝（印）

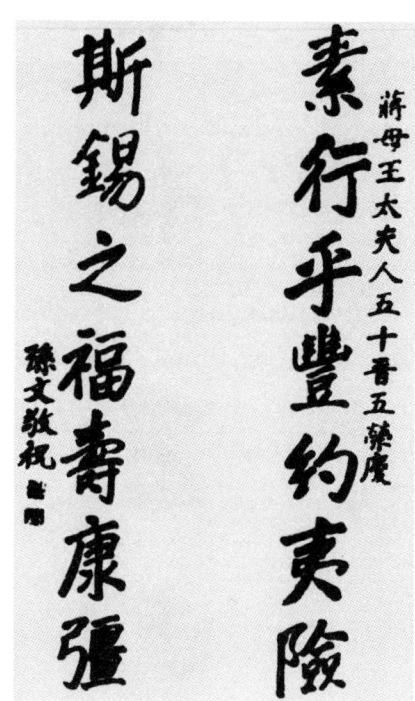

据佚名编《总理遗墨》（印行时间不详，广东省社会科学院藏）

为孙鹤皋题词

（一九一八年）

行易知难

　　鹤皋先生属

　　孙　文

据王舜祁《奉化发行孙中山题字》，载《世纪》二〇〇一年第五期

为章太炎《告癸丑以来死义诸君文》题词(一)①

(一九一八年)

日星河岳

民国七年

孙文题(印)

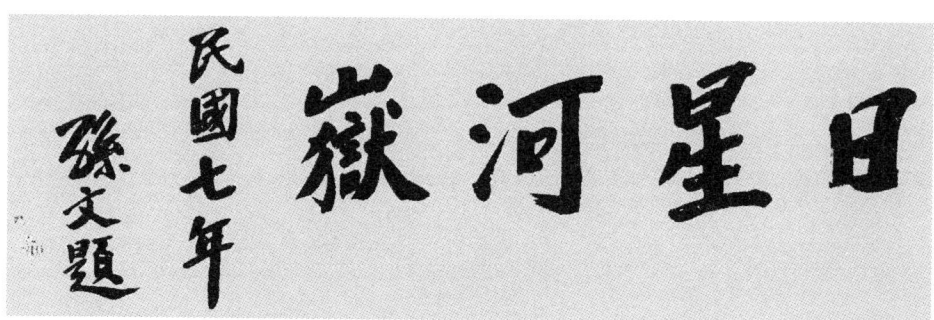

据中国国民党中央文化传播委员会党史馆藏一般档案 060/52

---

① 《告癸丑以来死义诸君文》,作于1916年8月13日,系为举行"陈英士及癸丑以来诸烈士追悼大会"而撰写的文字。

为章太炎《告癸丑以来死义诸君文》题词(二)

（一九一八年）

子孙永保

孙　文（印）

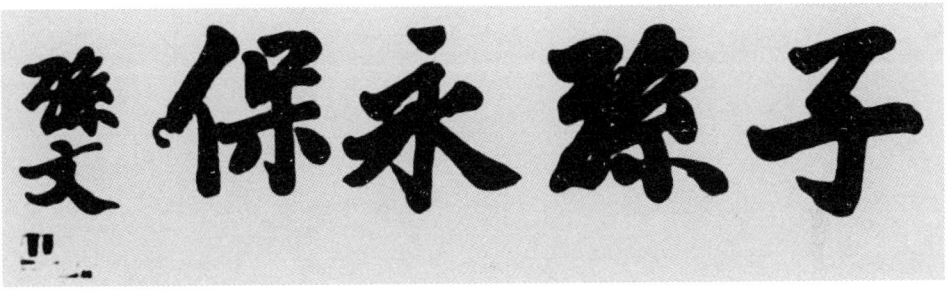

据中国国民党中央文化传播委员会党史馆藏一般档案 060/104

悼蔡济民挽额[①]

（一九一九年三月二十三日）

浩气长存

据上海《民国日报》一九一九年三月二十四日《蔡公济民追悼会纪》

[①] 蔡济民（1886—1919），湖北黄陂人，1911年参加武昌起义。1914年参加中华革命党，次年受孙中山委任为湖北讨袁军司令长官，1917年任鄂西靖国军总司令。1919年1月在湖北利川遭暗害。是日，革命党人在上海举行追悼大会，孙中山亲题挽额并派代表到会宣读祭文。

重书山田良政纪念碑文[①]

(一九一九年九月二十九日)

山田良政先生之碑

山田良政君　弘前人也　庚子闰八月　革命军起惠州　君挺身赴义　遂战死　呜呼　其人道之牺牲　亚洲之先觉　身虽殒灭　而其志不朽矣

民国八年九月廿九日
孙文谨撰并书（印）

[①] 1919年，日本青森县弘前市为山田良政修建纪念碑，孙中山应请题书碑文。碑文内容与1913年2月27日为东京全生庵所书碑文基本相同，但将犬养毅所书碑额"山田良政君碑"六字改书为"山田良政先生之碑"。纪念碑建于山田家附近的菩提寺内。

山田良政之碑

山田良政君弘前人也庚子閏八月革命軍起惠州君挺身赴義遂戰死嗚呼其人道之犧牲亞洲之先覺身先生雖殞滅而其志不朽矣

民國八年九月廿九日 孫文謹撰并書

据有邻堂株式会社、北京大学图书馆编《〈孙文与横滨〉展》（一九八九年日文版）

为广东光复纪念庆祝会的题词

(一九一九年十一月十八日)

同心协力

据上海《申报》一九一九年十一月十九日《广东光复之盛举》

为上海精武体育会题词

(一九一九年十二月二十日)

尚武精神

　　　　　精武体育会
　　　　　孙　文

据陈铁生编《精武本纪》(上海一九一九年版)

为上海南洋路矿学校题词

（一九一九年十二月二十日）①

造路救国

南洋路矿学校

孙　文（印）

据中国国家博物馆藏件

---

① 据孙中山12月20日下午在南洋路矿学校演讲地方自治问题而定时间。

为邓慕周题匾

（一九一九年前后）

见义勇为

    邓慕周同志建祠纪念
    孙文题

据邓炯熙《孙中山与邓慕周》，载广东《高要文史》第二辑（一九八六年九月）

为周太夫人百岁荣庆题词①

（一九一九年）

淑德高龄

　　　　　　孙母周太夫人百龄晋一荣庆

　　　　　　孙文敬祝（印）

据广东省社会科学院孙中山研究所藏件

---

① 周太夫人，原香山县井岸镇泥湾人（今属斗门县），其子孙智兴在澳门、香港经商，对革命有所资助，后又担任广州护法军政府香港筹饷委员。此件题于周氏百岁寿辰照片座镜之上，同时附泐《期颐祝词》一首。

周太夫人期颐祝词

（一九一九年）

三从四德兮巾帼之英
贫而无怨兮德性廉明
克勤克俭兮乡党有声
笃信基督兮不慕虚荣
获福无量兮子孙昌盛
耶和华锡嘏兮寿百龄

附泐孙周氏太夫人期颐祝词
中华民国首任大总统孙文敬题

据广东省社会科学院孙中山研究所藏碑刻照片

题　　词

（一九一九年）

四方风动

　　　　　　孙　文（印）

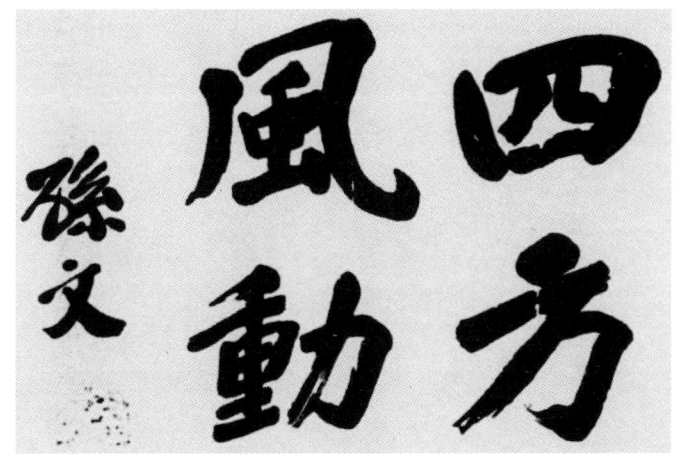

据上海博物馆藏件

为赵家艺题词

（一九一九年）

行之非艰　知之惟艰

　　　　　　　　　　林士八兄①属

　　　　　　　　　　孙　文（印）

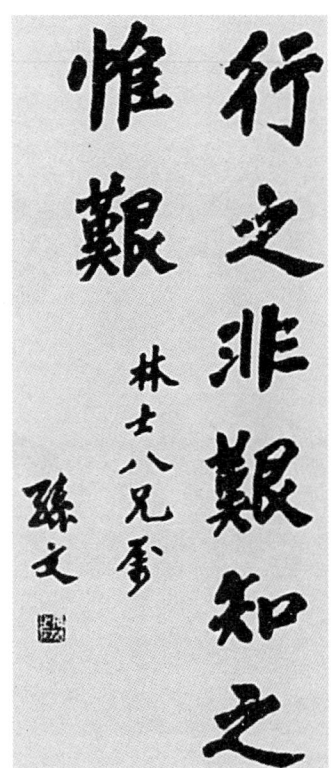

据《中山墨宝》编委会编《中山墨宝》第十卷（北京出版社一九九六年版）

---

① 赵家艺，字林士。赵兄弟多人，排行第八，孙中山故以"八兄"相称。

题　　联

（一九一九年）

修身岂为名传世
作事惟思利及人

　　　　　孙　文（印）

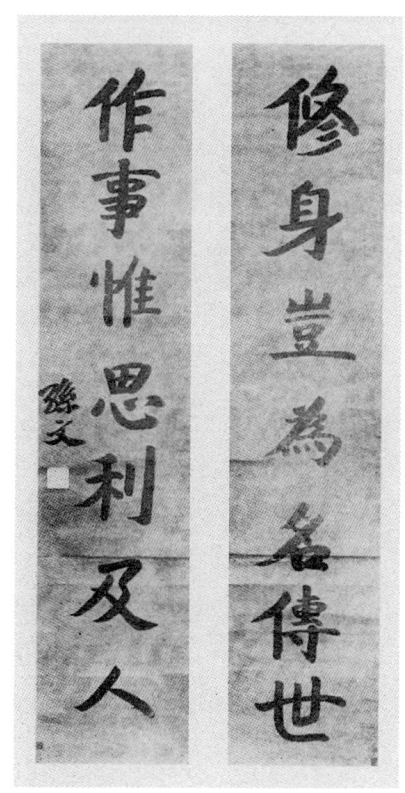

据中国国家博物馆藏件

为林百克①题词

(一九一九年)

天下为公

　　　　林百克先生属

　　　　孙　文(印)

据《中山墨宝》编委会编《中山墨宝》第十卷(北京出版社一九九六年版)

---

①　林百克(Linebarger, Paul Myron wentworth, 1871—1939),美国人,律师,1912年至1925年担任孙中山的法律顾问。著有《孙逸仙与中国革命》一书。

题林文英墓碑[①]

（一九一九年）

林文英之墓

据成运可《林文英传》，载中国国民党中央党史史料编纂委员会编《革命先烈先进传》（台北一九六五年版）

---

① 1914年3月林文英遭当道枪杀。1919年，迁葬故里，孙中山为之题书墓碑。

勉全党同志词①

(一九二〇年一月一日)

唤起民众导之以奋斗
实现革命继之以努力

吾党同志共勉之
中华民国九年元旦
孙　文

---

① 原件非孙中山手迹。时孙中山染疾,由胡汉民代笔书写。

勉全党同志词

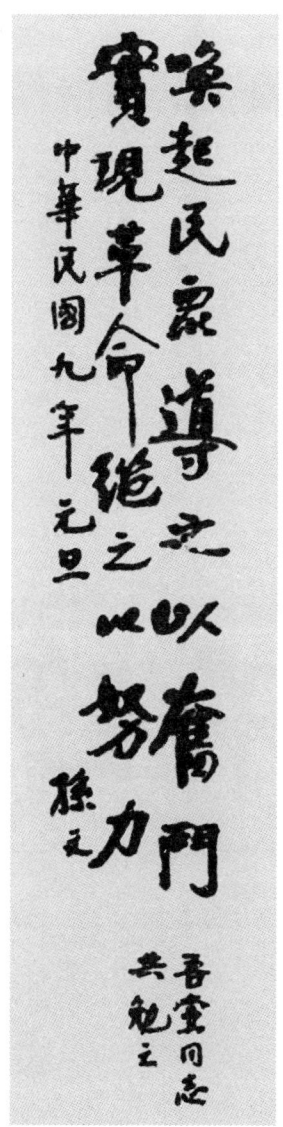

据全国政协文史资料研究委员会、中国革命博物馆联合编辑《孙中山先生画册》(中国文史出版社一九八六年版)

悼张汇滔挽词①

（一九二〇年二月上旬）

国魂不死

孟介同志千古

孙文敬挽

据胡去非《总理事略》（商务印书馆一九三七年版）

---

① 张汇滔（1883—1920），字孟介，安徽寿县人。1911年在寿县起兵响应武昌起义。1913年，招集淮上旧部，起兵讨袁。1914年任中华革命党安徽支部长。广州护法军政府成立后，任参军。1920年1月31日在上海遭倪嗣冲密探狙击，2月5日身亡。孙中山题书挽额悬于灵前，并饬令优治丧葬。

为韩国《东亚日报》①创刊题词

(一九二〇年四月一日)

天下为公

　　　祝东亚日报出版

　　　孙　文

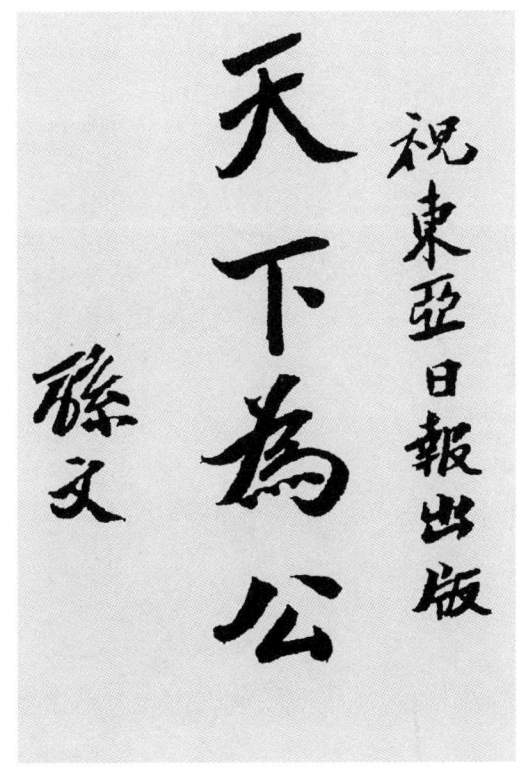

据韩国《东亚日报》一九二〇年四月一日

---

① 《东亚日报》,韩国民族解放运动言论机关,1920年4月1日在汉城创刊,日出四版,以反抗日本帝国主义奴役、要求民族独立为主旨。

为《新青年》劳动节纪念专号题词

（一九二〇年五月一日）

天下为公

为新青年劳动号题

孙 文

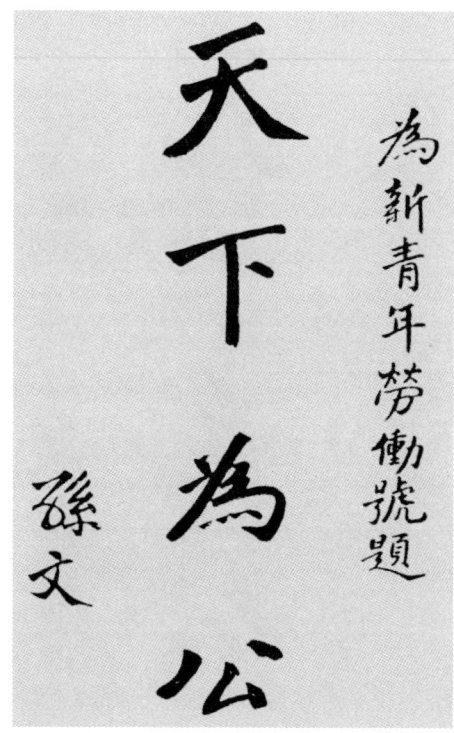

据《新青年》杂志第七卷第六号（一九二〇年五月一日）

题朱赤霓母墓碑

（一九二〇年六月）

朱府叶夫人

　　　　　民国九年六月
　　　　　孙文题（印）

据广州《中山商报》二〇〇六年五月二十三日《丹灶发现孙中山题字碑》

为顷市顿①党人题词

（一九二〇年九月二十三日）

热诚毅力

顷市顿同志鉴

孙　文（印）

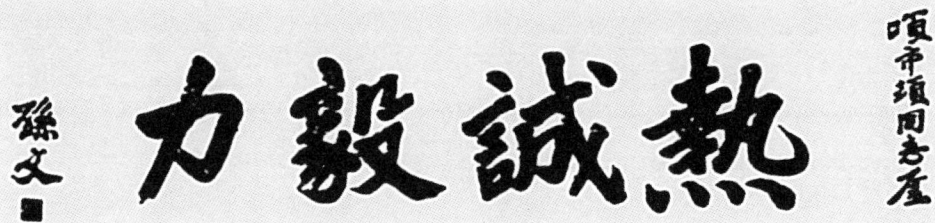

据近代中国出版社编辑委员会主编《国父图像墨迹集珍》
（台北近代中国出版社一九八四年版）

---

① 顷市顿，即 Kingston，加拿大城市名，位于安大略省。

为《少年中国晨报》十周纪念题词

(一九二〇年十月十日)

国民之导师

少年中国晨报十周纪念
孙文敬祝(印)

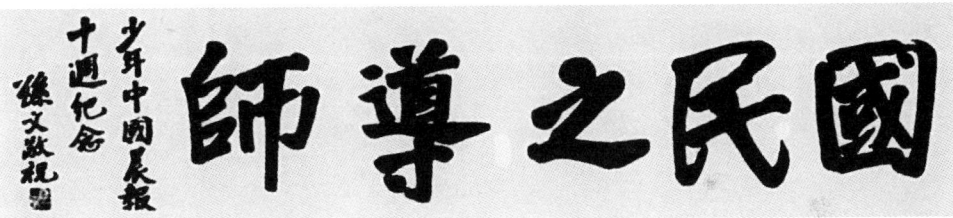

据中国国民党中央文化传播委员会党史馆藏一般档案
060/117

为福建培元中学校题词

(一九二〇年十月中旬)①

共进大同

培元学校

孙　文(印)

据《福建泉州培元中学校刊》第一期(一九八〇年八月)

---

①　原件未标署时间,据该校请孙中山题词的信函邮戳日期为1920年10月9日,据此推断当在10月中旬题复。

为《党务杂纪》题签

（一九二〇年十二月一日）

党务杂纪

孙文题

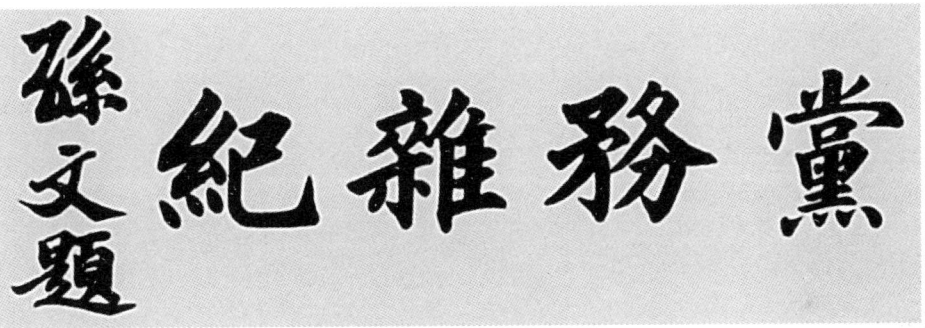

据中国国民党中央文化传播委员会党史馆藏一般档案 060/83

为花县徐公祠题匾①

（一九二〇年十二月）

毁家纾难

功在党国

据北京《团结报》一九八八年九月十七日康乐《番花同盟分会与广州新军及"三·二九"之役》

---

① 徐公祠，在今广东花都市三华店，清末同盟会番花分会秘密机关。1920年12月，孙中山特派张继前往徐公祠凭吊，并亲题匾额。

为赣县戚氏宗祠题联①

（一九二〇年冬）

蔚和平景象　振国是风声　发扬章贡英灵　崆峒秀气
恢家族规模　建民治基础　光大楚丘宏业　阀阅宗功

中华民国九年冬
孙文敬题

---

① 戚氏宗祠,亦名"聚顺堂",在今江西赣县湖江乡夏府村。戚继光遗族。此件系应老同盟会员戚烈(号坦天)之请,为聚顺堂重修题联。刻写于祠堂正厅圆木柱上。

赣和平，象振国是风声发扬章贡英灵崆峒秀气

恢家族规模建民治基础 光大楚丘宏业渊源宗功

中华民国六十年 孙文敬题

据江西《赣南日报》一九九七年十月七日谢瑞年《赣县发现孙中山对联手迹》

为三藩市国民党分部题词

（一九二〇年）

有志竟成

    三藩国民党分部
    孙　文（印）

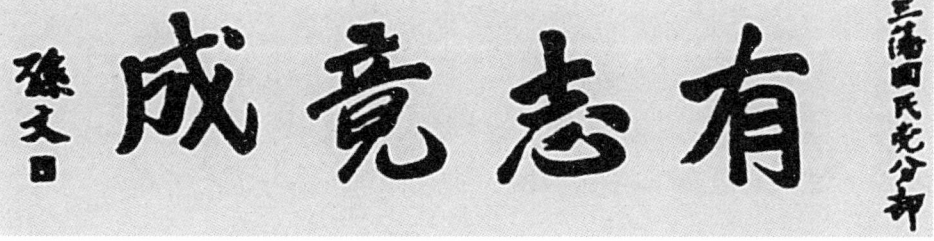

据美国旧金山孙中山纪念馆藏件

为钱化佛①题词(一)

(一九二〇年)

作如是观

化佛剧家属

孙　文(印)

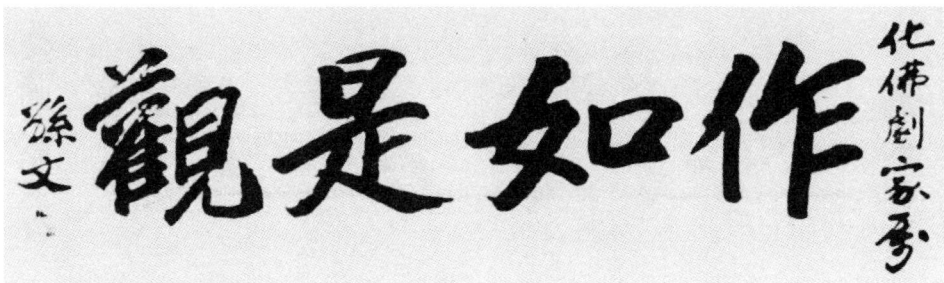

据《中山墨宝》编委会编《中山墨宝》第十卷(北京出版社一九九六年版)

---

① 钱化佛(1884—1964),字玉斋,江苏常州人,剧作家,上海商团成员。1911年11月,随商团攻打江南制造局,光复上海。

为钱化佛题词（二）

（一九二〇年）

无量佛

   化佛仁者鉴

   孙　文（印）

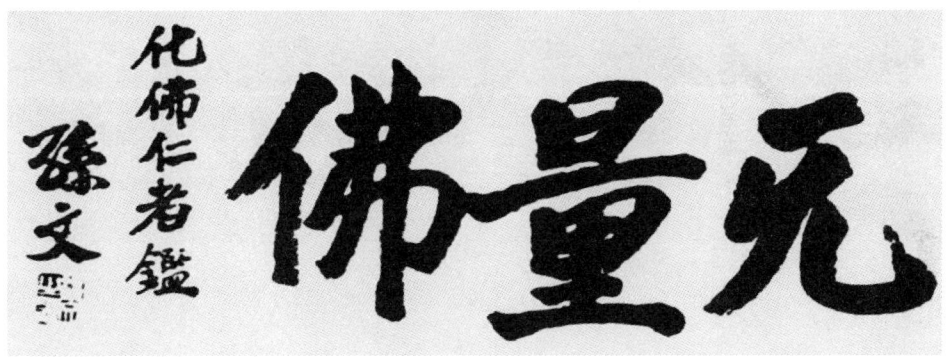

据《中山墨宝》编委会编《中山墨宝》第十卷（北京出版社一九九六年版）

题　　词

（一九二〇年）

宣传文化

孙　文（印）

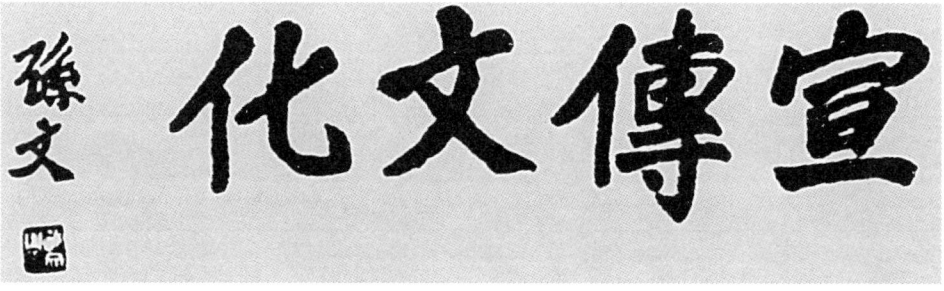

据《中山墨宝》编委会编《中山墨宝》第十卷（北京出版社一九九六年版）

为李禄超题词

（一九二〇年）

治本于农

禄超先生属

孙　文（印）

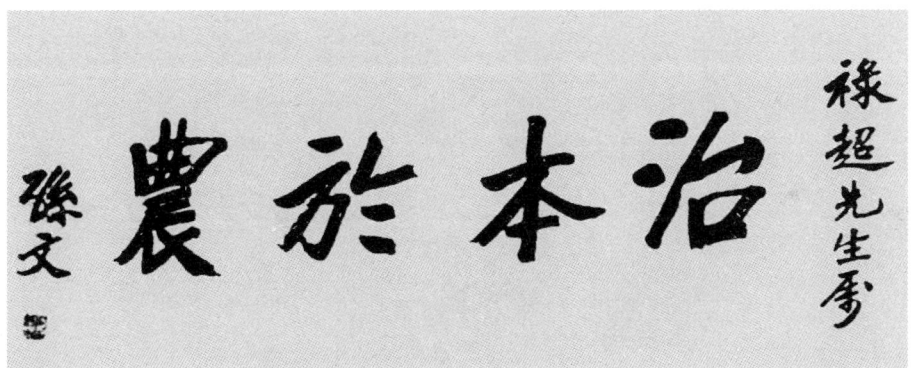

据中山出版社编辑委员会编《国父勋荣和墨宝》（台北中山出版社一九七五年版）

为古巴同志题词

（一九二〇年）

同心协力

　　古巴同志鉴
　　孙文题

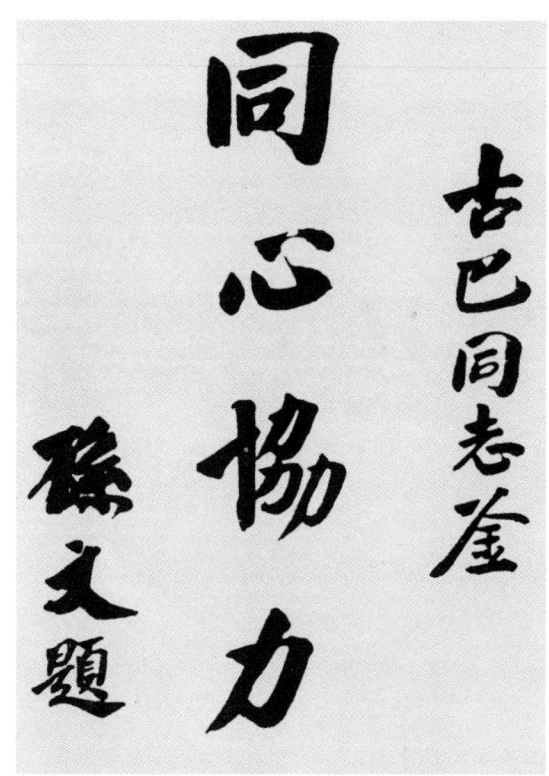

据佚名编《总理遗墨》（印行时间不详，广东省社会科学院藏）

为康得黎①医生题词

（一九二〇年）

福矣矜恤者

　　　　　　康得黎大医生鉴
　　　　　　环游地球客②拜赠

据广州《羊城晚报》二〇〇一年十月十三日《孙中山墨宝最新发现——不寻常的友谊》

---

① 康得黎，今译康德黎。
② 即孙中山。

为法国费沃礼题词①

（一九二一年一月一日）

平等

    大法国一等荣光宝星
    驻沪总巡费沃礼先生惠政
    以为纪念
    孙文敬赠（印）
    中华民国十年元旦

据中国国家博物馆藏件

---

① 原件非孙中山亲笔，时孙中山在广州，当系在上海的同志代笔题书。

悼邓慕周挽额[①]

（一九二一年初）

热心毅力

据黄季陆主编《革命人物志》第七集（台北一九七一年六月）

---

① 邓慕周于1921年1月在杭州病逝，孙中山在上海举行追悼大会，并亲致祭文。

挽粤军阵亡将士联①

（一九二一年二月二十日）

杀敌致果　杀身成仁
为民请命　为国捐躯

据上海《民国日报》一九二一年二月二十二日《本社专电·追悼粤军阵亡将士记》

① 是日，广州军政府暨社会各界举行追悼粤军阵亡将士大会，孙中山亲书挽联致悼。

为巴达维亚《天声日报》题签①

(一九二一年三月一日)②

天声日报

孙文题

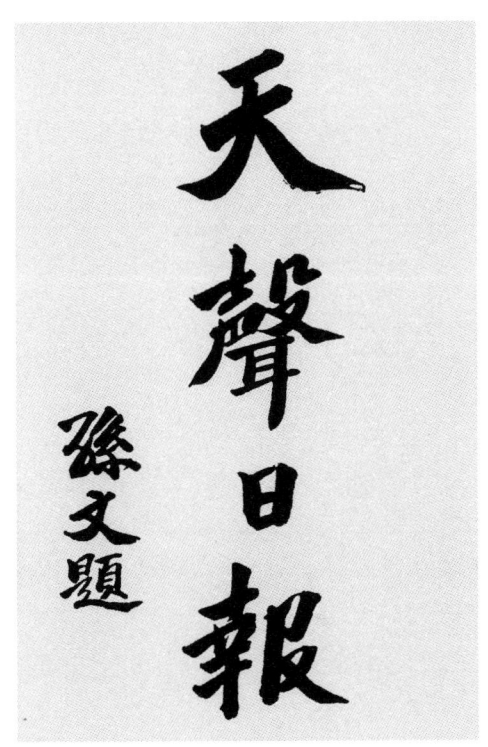

据华侨革命史编纂委员会编《华侨革命史》(下)(台北正中书局一九八一年版)

---

① 《天声日报》,1921年3月1日在荷属印度尼西亚首府巴达维亚(今雅加达)创刊,吴心辉为首任社长。孙中山为该报题签报名并致《祝辞》。
② 题书时间系该报出版日期。

悼蒋介石母王太夫人挽词①

（一九二一年六月）

壶范足式

民国十年

孙文题

据《文摘报》一九八八年十二月二十九日《蒋母墓前的一幅对联》

---

① 蒋母王采玉于1921年6月14日去世，终年57岁。

题蒋介石母王太夫人像赞

（一九二一年六月）

蒋母王太夫人像赞
陟彼四明　名山苍苍
瞻彼南海　大风泱泱
中有贤母　仪式四方
厥生公琰　为国之良

孙文敬题（印）

据谭延闿编《总理遗墨》第二辑（一九三〇年印行，广东省社会科学院藏）

为"南韶连会馆"题写匾额①

（一九二一年九月一日）

南韶连会馆

民国十年

孙文题

据刘复英《孙中山先生为"南韶连会馆"题写匾额简介》，载中国人民政治协商会议广东省韶关市委员会文史委员会编印《韶关文史资料》第九辑（一九八七年三月）

---

① 南韶连会馆位于今广州市解放中路云台里28号，由粤北韶关、曲江、乐昌、仁化、乳源、英德、翁源、清远、南雄、始兴、连县、连山、阳山等县的绅商捐款集资购建，作为各地到广州求学、工作的乡人住宿和聚会的地方。1921年5月，孙中山在广州就任非常大总统后，参加过同盟会、总统府、省议会、总统大本营警卫团工作的南、韶、连各县人士聚集广州，推举陈可钰、何春帆等人为代表于当年9月1日到越秀山总统府晋谒孙中山，并请求题写匾额。孙中山挥笔题下"南韶连会馆"。

为直臣学校学生国文集题词[①]

（一九二一年九月十二日）

斐然成章

                十年九月十二日题

                直臣学校学生国文集

                孙   文（印）

[①] 直臣学校，中文名"蛰辰学校"，设于夏威夷，华侨主办。此件系为嘉奖该校首届毕业学生国文集而题。影印件附其英译文：To the Students of Jackson School, on the Annual Literature Composition Book. "MAGNIFICENT LITERATURE!"—Dr. Sun Yet〔Yat〕Sen, Sept. 12, 1921. Translated by H. C. Hee。

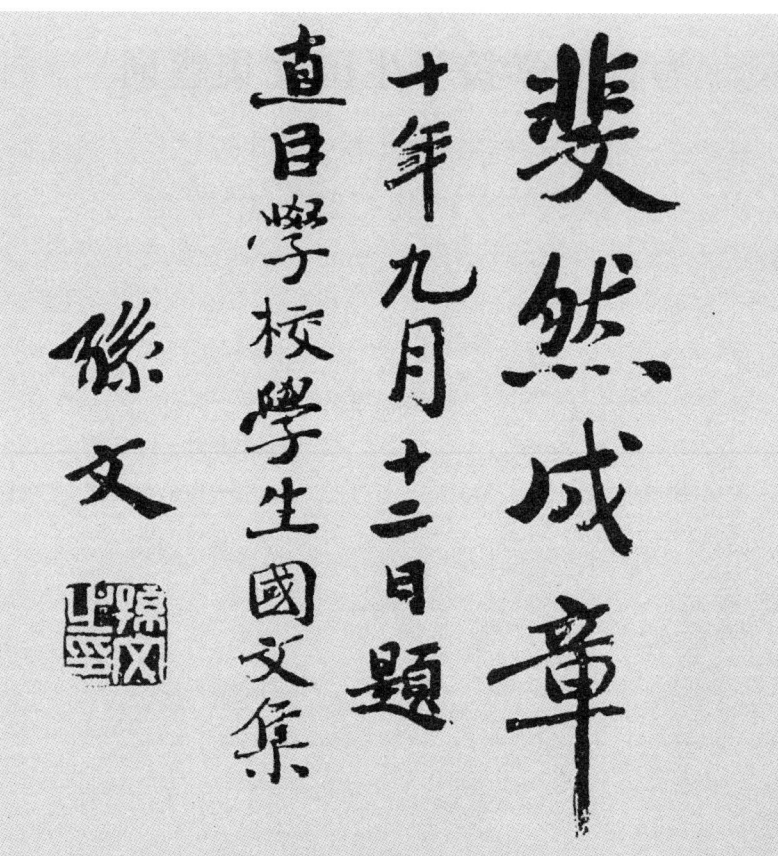

据宋谭秀红、林为栋《兴中会五杰》(台北侨联出版社一九八九年版)

为古巴《民声日报》复刊题词①

（一九二一年九月二十四日）

今之南董

古巴民声日报

大总统题（印）

据《民声日报》一九三五年九月二十三日《民声日报十四周年纪念特刊》

---

① 《民声日报》，中国国民党古巴分部机关报，1921年9月24日出版，馆设古巴首府夏拿湾（今译哈瓦那），孙中山题词祝贺并题签报名。

为古巴《民声日报》题签

(一九二一年九月二十四日)

民声日报

据徐咏平《革命报人别记》(台北正中书局一九七三年版)

登桂平西山题联①

（一九二一年十月二十日）

　　苍梧偏东　桂林偏北　惟此地前列平原　后横峻岭　左黔右郁　会交二十四江河　灵气集中枢　人挺英才天设险

　　乳泉有亭　吏隐有洞　最妙处茶称老树　柳纪半青　文阁慈岩　掩映一十八罗汉　游踪来绝顶　眼底层塔足凌云

　　　　据萧嘉、余蕴洁《传神文笔足千秋——浅谈孙中山的诗词对联》，载广东省中山市政协文史编辑委员会编《中山文史》总第十辑(一九八六年)

---

① 1921年10月15日，孙中山偕许崇智、廖仲恺、胡汉民等从广州出发，出巡广西，途经桂平时，登西山，题此联对。

题蒋介石母墓额①

（一九二一年十一月）

蒋母之墓

　　　　　　民国十年

　　　　　　孙文题

据《中山墨宝》编委会编《中山墨宝》第十卷（北京出版社一九九六年版）

---

① 蒋母墓位于浙江奉化溪口镇白岩山，1923年11月落成。墓额两旁刻蒋介石所作悼联，张人杰笔书。上联为"祸及贤慈当日顽梗悔已晚"，下联为"愧为逆子终身沉痛恨靡涯"。

为蒋翊武就义处题碑①

（一九二一年十二月）

开国元勋蒋翊武先生就义处

孙文敬题

据蒋翊武就义处碑刻照片

---

① 1921年12月，孙中山督师桂林，亲至丽泽门外（今翊武路丽君路口）蒋翊武就义处凭吊，下令立碑纪念，并为纪念碑题词。

为黄花岗七十二烈士墓题词

（一九二一年）

浩气长存

民国十年

孙文敬题

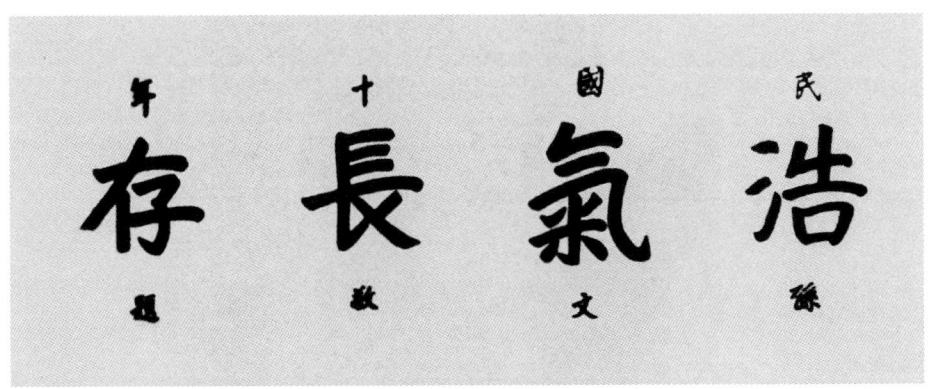

据黄花岗七十二烈士墓纪功坊石刻照片

为香山翠亨学校题词

（一九二一年）

后来居上

　　　翠亨学校

　　　孙　文（印）

据中山市孙中山故居纪念馆藏照片

为《汕头晨报》题词

（一九二一年）

凤鸣朝阳

　　　　汕头晨报

　　　　孙　文（印）

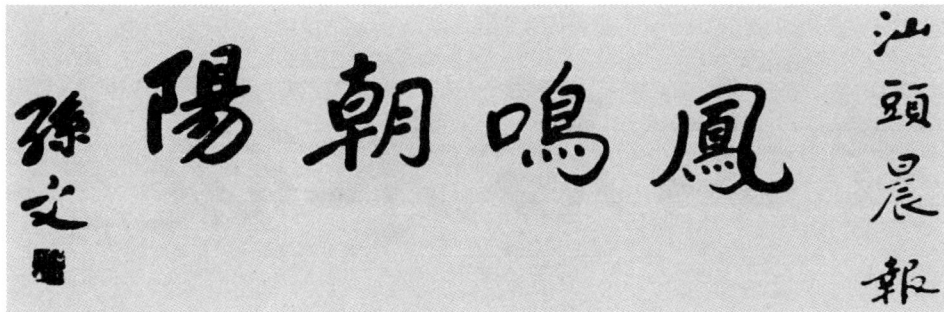

据中国国民党中央文化传播委员会党史馆藏一般档案 060/19

为广州大佛寺题词

（一九二一年）

阐扬三密

孙文题

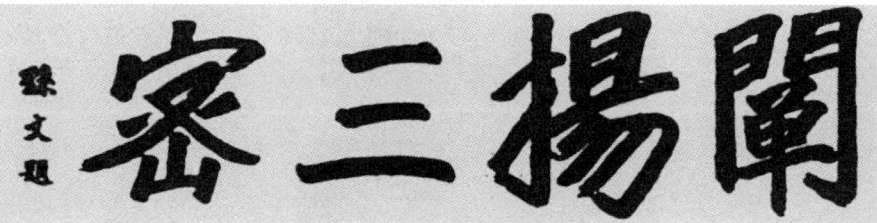

据广州市宗教志编纂委员会编《广州宗教志》（广东人民出版社一九九六年版）

为《五权宪法草案》题签

(一九二二年六月十二日)

五权宪法草案

民国十一年六月十二日

孙文书(印)

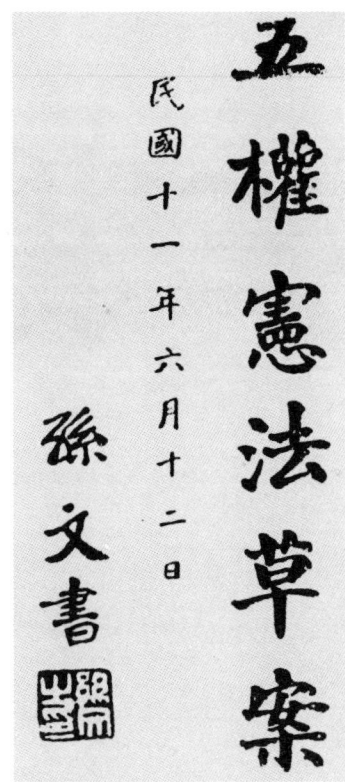

据《中山墨宝》编委会编《中山墨宝》第十卷(北京出版社一九九六年版)

为上海求是中学五周年纪念题词

（一九二二年九月初）

实事求是

　　求是中学五周纪念

　　孙　文

据上海《民国日报》一九二二年十月五日《谨谢孙大总统赐字》

为《求是新报》出版题词①

(一九二二年九月初)

明辩笃行

求是新报出版
孙　文

据上海《民国日报》一九二二年十月五日《谨谢孙大总统赐字》

---

① 《求是新报》系求是中学校刊,校长陶雪生兼任该报经理。

题崇明第四高等小学校训

（一九二二年九月中旬）

行易知难

据上海《民国日报》一九二二年九月二十二日《孙总统题字训勉学校》

题南洋甲种商业学校匾额

(一九二二年十月五日)

均则无贫

据上海《民国日报》一九二二年十月六日《南洋甲种商业学校恭谢孙大总统赐匾》

为中国心灵研究会题词

（一九二二年十月十八日）

革心为本

    中国心灵研究会

    孙文题（印）

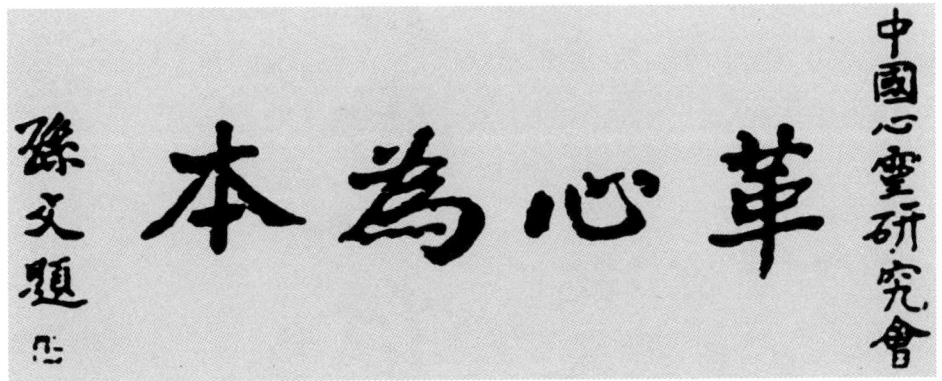

据上海《图画时报》第二七一期（一九二五年九月）

为《觉民日报》题词①

（一九二二年十月）

吾党喉舌

孙　文（印）

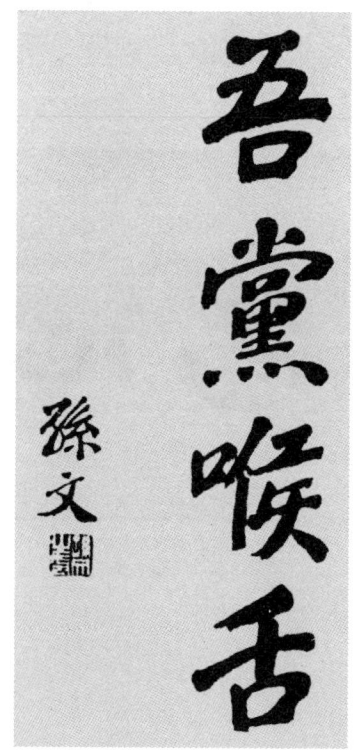

据中国国民党中央文化传播委员会党史馆藏一般档案 060/15

---

① 《觉民日报》，同盟会缅甸支部机关报，《光华日报》之续刊，1913年9月1日在仰光创办，梁冰弦、梁复来先后主编。原件未标署时间，据1922年10月17日孙中山《致觉民日报函》称："夙仰贵报为吾党之喉舌，作侨界导师，大声疾呼，发聋振聩久矣……"之意酌定。

题赠《觉民日报》①

（一九二二年十月）

南天一帜

　　题赠觉民日报

　　孙　文

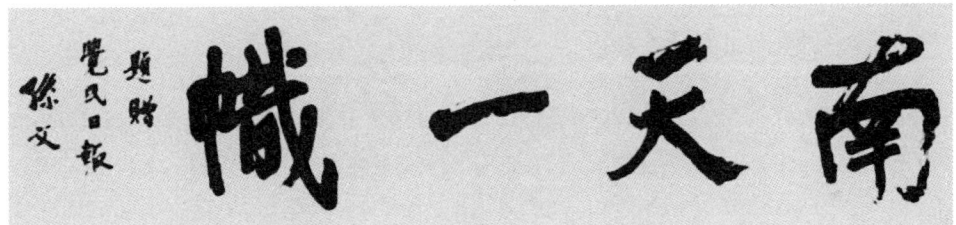

据刘望龄辑注《孙中山题词遗墨汇编》（华中师范大学二〇〇〇年版）

---

① 此件由他人代笔。

题赠宋庆龄勉词

（一九二二年秋）

精诚无间同忧乐
笃爱有缘共死生

庆龄贤妻鉴
孙　文

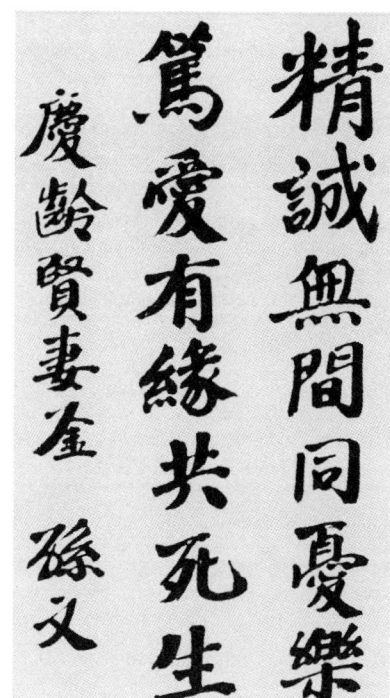

据张磊等编《孙中山与宋庆龄》（广东人民出版社一九九七年版）

为时杰题词①

（一九二二年秋）

预备杀贼

时杰先生

孙文题（印）

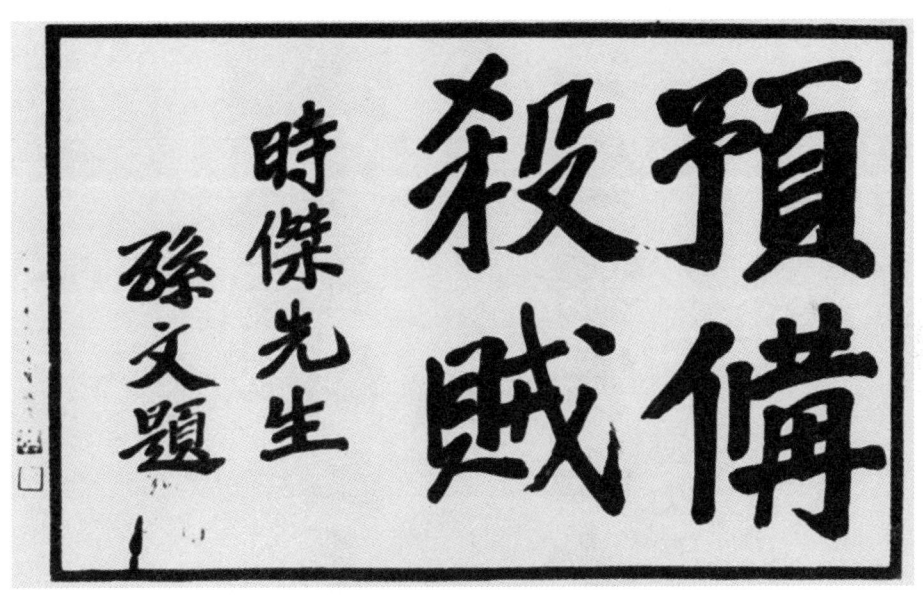

据中国国民党中央文化传播委员会党史馆藏一般档案 060/63

---

① 1922年6月，陈炯明叛乱，孙中山亲书"预备杀贼"四字，号召全党，进行讨伐。中国国民党党史委员会编《孙中山先生史料目录汇编》标注"总理为何侠同志书"，待考。

题赠张人杰联

（一九二二年十一月中旬）①

满堂花醉三千客
一剑霜寒四十州

静江二兄雅属
孙　文（印）

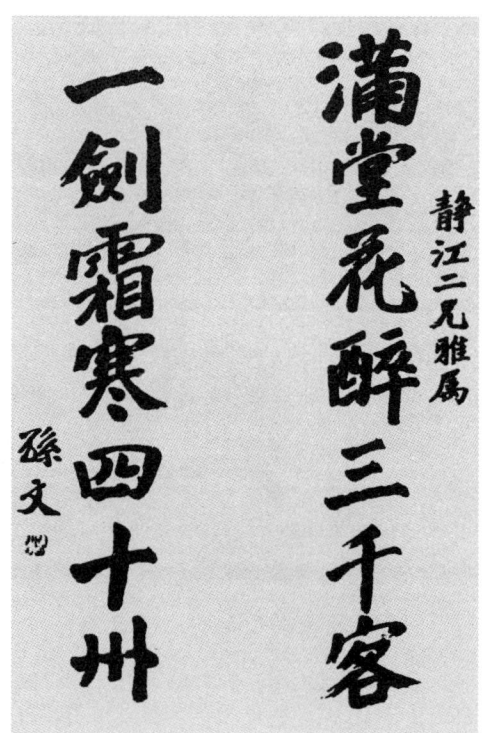

据上海博物馆藏件

---

① 原件未标署时间，据1922年11月16日孙中山致张人杰函云："属写字一事，待日间再行写过，方行送上"，据此推定书于是月中旬。

为张人杰题词

（一九二二年十一月中旬）

丹心侠骨

　　　　静江二兄雅属

　　　　孙　文（印）

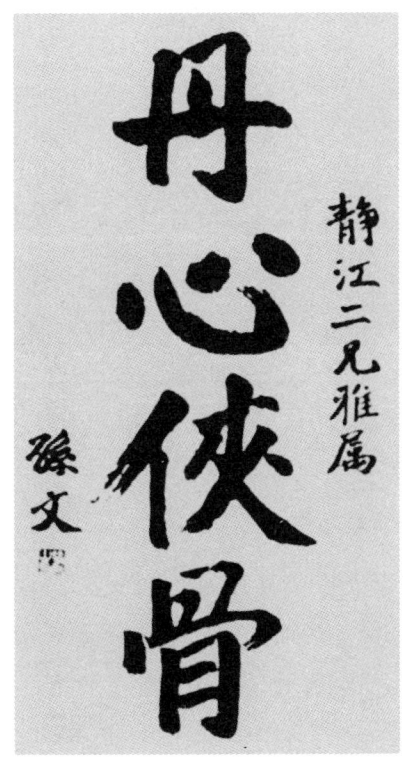

据《孙中山先生墨迹》（上海太平洋书店一九二七年版）

悼伍廷芳挽词[①]

（一九二二年十一月二十六日）

天不憖遗

据上海《民国日报》一九二二年十一月二十七日《中外人士纷吊伍公》

[①] 伍廷芳于1922年6月23日在广州病逝,11月26日,上海各界在戈登路（今江宁路）三号伍氏寓所举行追悼会,孙中山亲往祭奠并致送挽幛。

悼伍廷芳挽额[①]

（一九二二年十二月十七日）

人亡国瘁

据上海《民国日报》一九二二年十二月十八日《伍公廷芳追悼大会纪》

[①] 是日，上海寰球中国学生会等团体在新舞台举行追悼大会，到会八千余人。孙中山致送挽额，悬挂会场正中。

为《无锡指南》题签

(一九二二年十二月)

无锡指南

孙　文(印)

据《中山墨宝》编委会编《中山墨宝》第十卷(北京出版社一九九六年版)

为《无锡指南》题词

(一九二二年十二月)

沿革形势

孙　文(印)

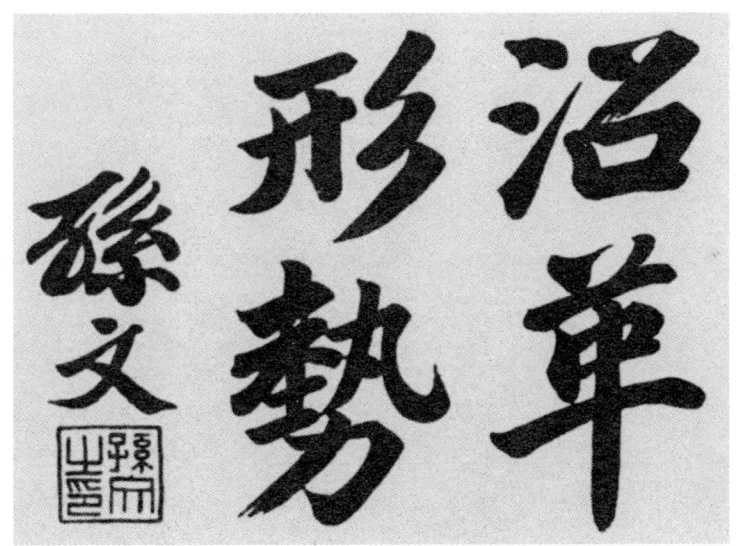

据《中山墨宝》编委会编《中山墨宝》第十卷(北京出版社一九九六年版)

挽张荆野上联[①]

（一九二二年十二月）

字符晋魏　才迈齐梁　每逢翠盖遥临　青眼高歌望吾事

据北京《团结报》一九八八年七月十六日张振杰《孙中山和他的秘书张荆野》

[①] 张荆野，孙中山秘书。1922年12月去世，孙中山亲书挽联于白绫上，派代表献于灵前。今仅存上联，下联缺佚。

书赠杨庶堪《礼运·大同篇》

（一九二二年）

大道之行也　天下为公　选贤与能　讲信修睦　故人不独亲其亲　不独子其子　使老有所终　壮有所用　幼有所长　矜寡孤独废疾者皆有所养　男有分　女有归　货恶其弃于地也　不必藏于己　力恶其不出于身也不必为己　是谋闭而不兴　盗窃乱贼而不作　故外户而不闭　是谓大同

孙　文（印）

据上海博物馆藏件

题朱执信墓[①]碣

（一九二二年）

朱执信先生墓

民国十一年

孙文敬题（印）

据墓碑石刻照片

---

① 朱执信墓原葬广州沙河泗马岗，因地势低洼，易受水浸，于1936年迁葬竹丝岗，今广州市执信南路广州市执信中学校园内。泗马岗墓仍保存，成衣冠冢。

为上海中华武术会题匾

（一九二二年）

尚武楼

    民国十一年
    孙文题（印）

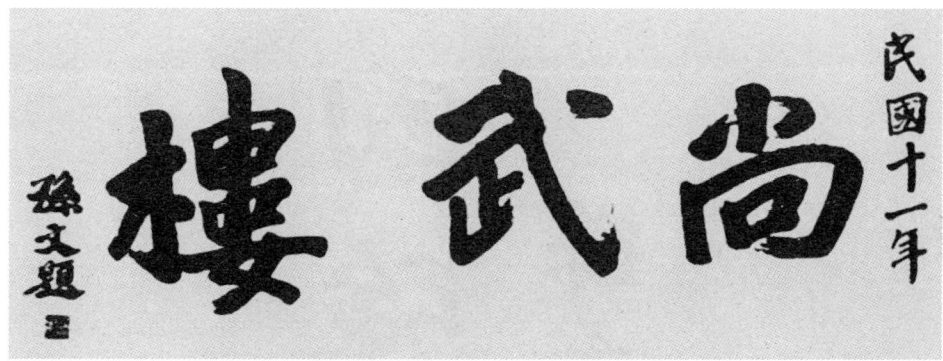

据佚名编《总理遗墨》（印行时间不详，广东省社会科学院藏）

为《交通大学技击十周年纪念册》题词

（一九二二年）

强国强种

孙文题

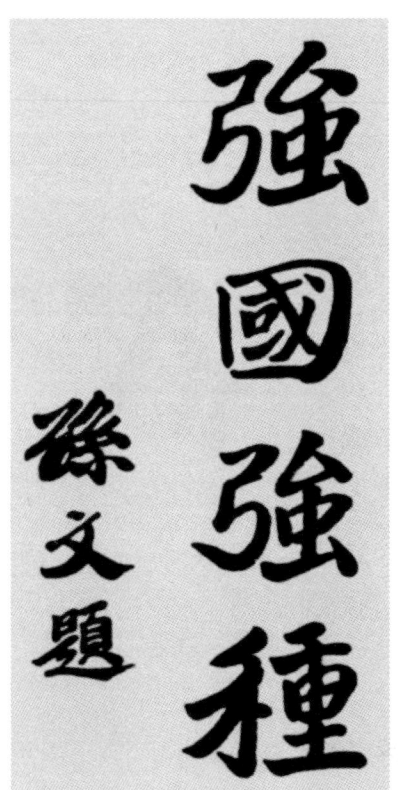

据《交通大学校史》编写组编《交通大学校史（1896—1949）》（上海教育出版社一九八六年版）

为南洋大学校刊题签①

(一九二二年)

南洋

孙　文

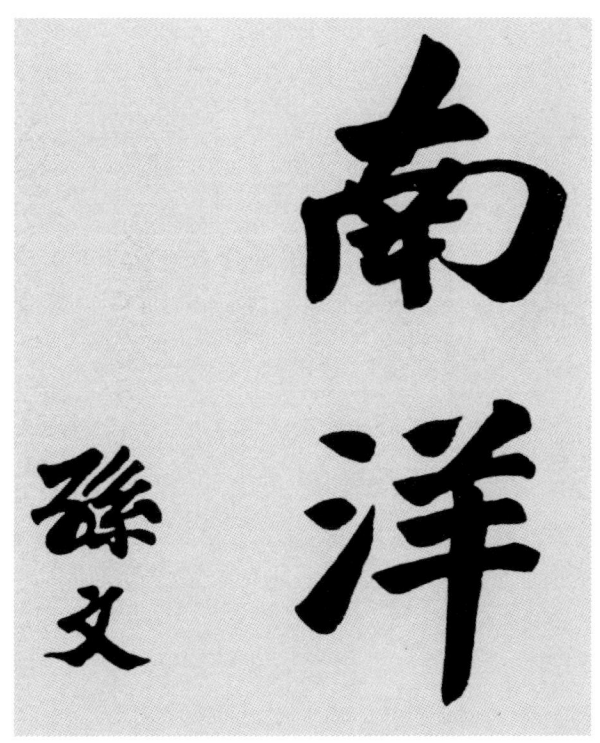

据《中山墨宝》编委会编《中山墨宝》第十卷(北京出版社一九九六年版)

---

① 南洋大学,今上海交通大学之前身。

为文天祥墨迹题签

（一九二二年）

文信国公真迹

孙　文（印）

据《中山墨宝》编委会编《中山墨宝》第十卷（北京出版社一九九六年版）

为民国女子工艺学校题签

（一九二二年）

民国女子工艺学校

孙文题

据《中山墨宝》编委会编《中山墨宝》第一卷（北京出版社一九九六年版）

为中华会馆题签

（一九二二年）

中华会馆

　　　　　民国十一年

　　　　　孙　文（印）

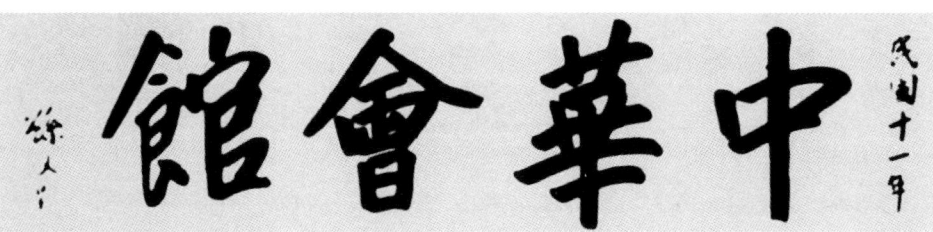

据中国国民党中央文化传播委员会党史馆藏一般档案 060/25

为中华书院题签

（一九二二年）

中华书院

民国十一年

孙文题（印）

据中国国民党中央文化传播委员会党史馆藏一般档案 060/13

题聂式彬挽额

（一九二二年）

又弱一个

据中国国民党中央文化传播委员会党史馆藏一般档案 230/1496

题　词

（一九二二年至一九二三年）①

嘉惠士林

孙　文(印)

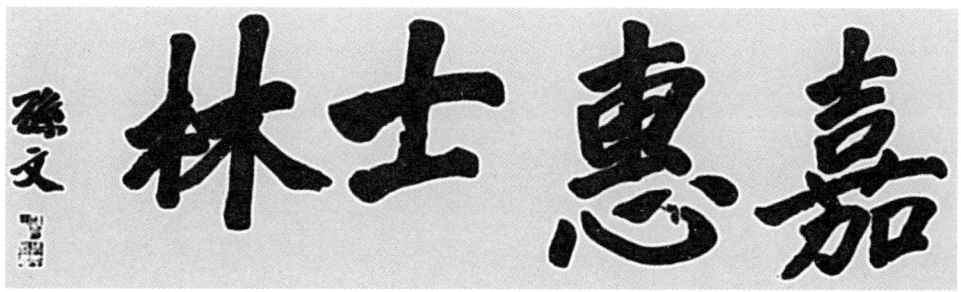

据北京宋庆龄故居藏件

---

① 原件未标署时间，据王耿雄考订，系1922年至1923年间题于上海。

为《三五》杂志题签

（一九二二年至一九二三年间）

三五

孙文题

据张金超《孙中山的一幅题签》，载《广东社会科学》二〇〇四年第三期

书蒋介石联句(一)①

(一九二三年一月)

养天地正气
法古今完人

介石吾弟撰句属书
民国十二年一月
孙　文(印)

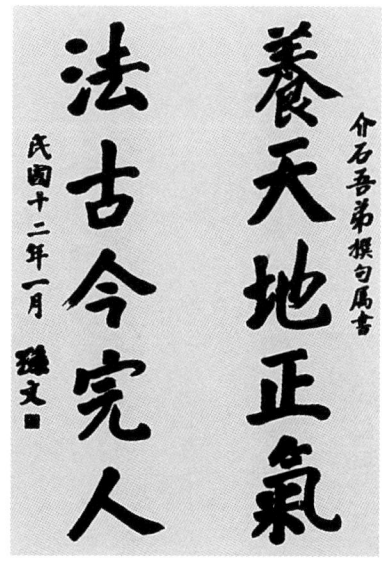

据佚名编《总理遗墨》(印行时间不详,广东省社会科学院藏)

---

① 蒋介石联句共三首,系蒋氏游览鼓浪屿时乘兴自题自勉之警句,旋请孙中山为之笔书,携回老家奉化溪口悬挂。联句(一)(二)(三)并题词两件,均书于上海孙中山寓所。题书日期,毛思诚编《民国十五年以前之蒋介石先生》(香港龙门书店一九三六年十月初版)具体记为是月二十日。待考。

书蒋介石联句(二)

(一九二三年一月)

从容乎疆场之上
沈潜于仁义之中

介石吾弟撰句属书
民国十二年一月
孙　文(印)

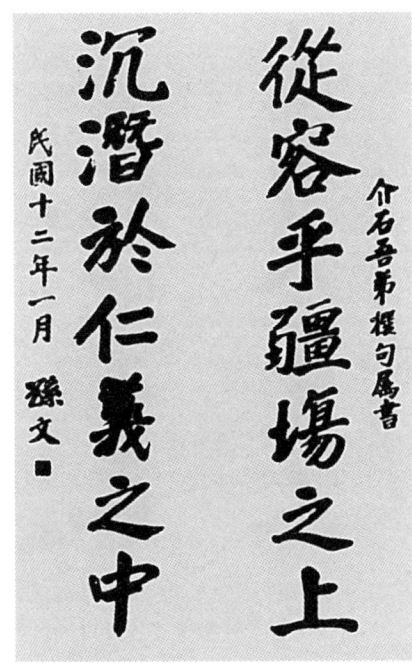

据佚名编《总理遗墨》(印行时间不详,广东省社会科学院藏)

书蒋介石联句(三)

(一九二三年一月)

穷理于事物始生之处
研几于心意初动之时

　　　　　　　　　介石吾弟撰句属书
　　　　　　　　　民国十二年一月
　　　　　　　　　孙　文(印)

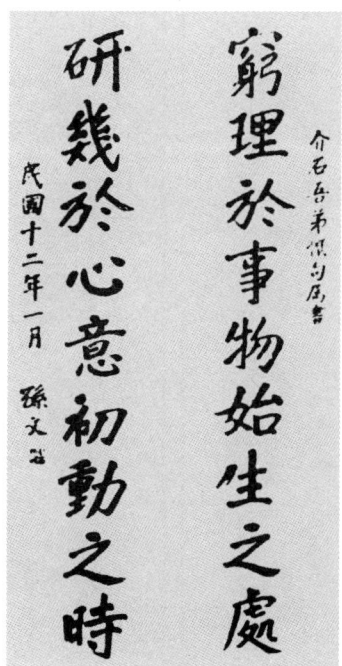

据佚名编《总理遗墨》(印行时间不详,广东省社会科学院藏)

为蒋介石题联

（一九二三年一月）

大道之行
天下为公

书赠介石我兄
孙　文（印）

据佚名编《总理遗墨》（印行时间不详，广东省社会科学院藏）

赠别蒋介石联①

（一九二三年一月）

安危他日终须仗
甘苦来时要共尝

英士集古句赠别介石
孙文怀旧感录（印）

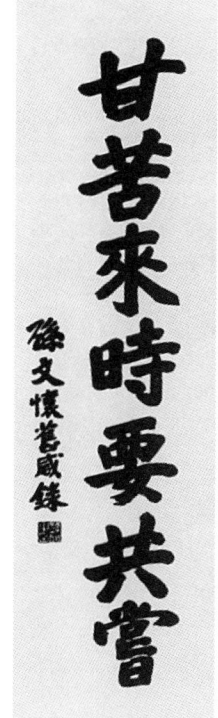
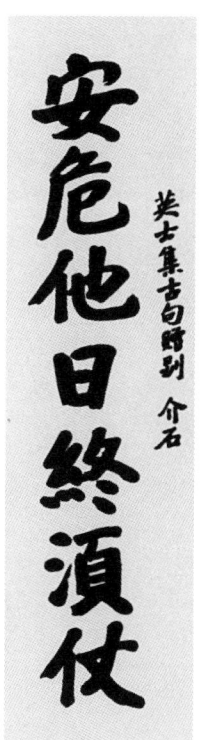

据佚名编《总理遗墨》（印行时间不详，广东省社会科学院藏）

---

① 是时，蒋介石坚辞孙中山所委各要职，一再要求回老家赋闲，孙中山无奈，特题词赠别。

题赠戴季陶联①

（一九二三年一月）

人类进化
世界大同

　　　　季陶兄属
　　　　孙　文（印）

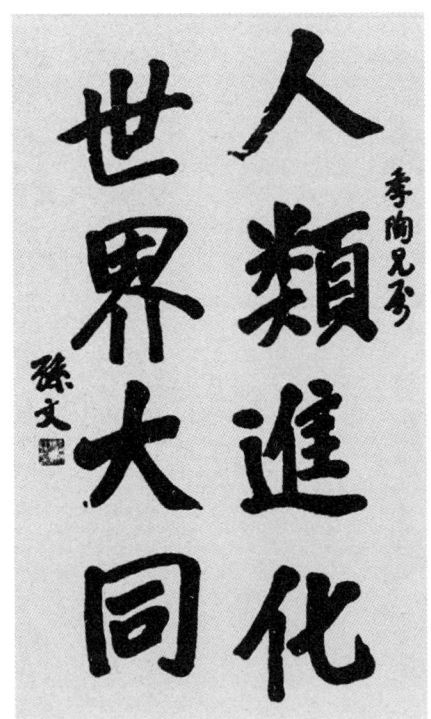

据中国第二历史档案馆藏件

---

① 此联在"孙文"签名之下盖有两枚印章，一为"孙文之印"，一为"逸仙长寿"。

为太田宇之助题词①

（一九二三年一月）

天下为公

　　　　太田先生

　　　　孙　文（印）

据太田宇之助《与中国五十年》（日本鹰书房一九七七年版）

---

① 太田宇之助，日本《朝日新闻》驻沪记者，是时奉调回国，行前到孙中山寓所辞行，孙应请求题词。

为邓荫南遗像题词①

（一九二三年二月）

爱国以命　爱党以诚
家不遑顾　老而弥贞
载瞻遗像　犹怀友声

孙文敬题

据秦孝仪主编《国父全集》第九册（台北近代中国出版社一九八九年版）

---

① 邓荫南于1923年2月5日在澳门病逝，孙中山为遗像题词并发布命令，追赠邓荫南为陆军上将，发给治丧费一千银元。

书赠胡汉民《燕歌行》

(一九二三年二月)

燕 歌 行

汉家烟尘在东北　汉将辞家破残贼
男儿本是重横行　天子非常赐颜色
拟金伐鼓下榆关　旌旗逶迤碣石间
校尉羽书飞瀚海　单于猎火照狼山
山川萧条极边土　胡骑凭陵杂风雨
战士军前半死生　美人帐下犹歌舞
大漠穷秋塞草衰　孤城落日斗兵稀
身当恩遇常轻敌　力尽关山未解围
铁衣远戍辛勤久　玉箸应啼别离后
少妇城南欲断肠　征人蓟北空回首
边风飘飘那可度　绝域苍茫更何有
杀气三时作阵云　寒声一夜传刁斗
相看白刃血纷纷　死节从来岂顾勋
君[子]不见〈沙〉场争〔征〕战苦　至今犹忆李将军

　　开元二十六年　客有从元戎出塞而还者
　　作《燕歌行》以示适　感征戍之事　因而和焉

民国十二年二月
书赠
展堂志兄正
孙　文(印)

燕歌行

漢家烟塵在東北　海軍于獵火照狼
漢將辭家破殘　山山川蕭條極邊
賊男兒本是重橫　土胡騎憑陵雜風
行天子非常賜顏　雨戰士軍前半死
色摐金伐鼓下榆　生美人帳下猶歌
關旌旗逶迤碣石　舞大漠窮秋塞
間校尉羽書飛瀚　草衰孤城落日鬪
　　　　　　海　兵稀身當恩遇

常轻敌力尽关山未解围铁衣远戍辛勤久玉箸应啼别离后少妇城南欲断肠征人蓟北空回首边风飘飘那可度绝域苍茫更何有杀气三时作阵云寒声一夜传刁斗相看白刃血纷纷死节从来岂顾勋君不见沙场争战苦至今犹忆李将军

开元二十六年客

有從元戎出塞而還者作燕歌行以示適感徂戎之事因而和焉

民國十二年二月書贈

展堂老兄正 孫文

据近代中国出版社编辑委员会主编《国父图像墨迹集珍》
（台北近代中国出版社一九八四年版）

为《新文化》杂志题词

（一九二三年二月）

宣传文化

　　　　　新文化杂志出版

　　　　　孙　文（印）

据陈相安《孙中山为大连〈新文化〉题词》影印原件，载《兰台世界》二〇〇一年第九期

题安庆烈士墓额

（一九二三年四月六日）①

建国伟烈

据上海《民国日报》一九二三年四月七日《本社专电》

---

① 安庆烈士墓，1923年落成。题书时间系举行祭奠典礼的日期。

悼滇军阵亡将士挽额①

（一九二三年四月十日）

英灵如在

孙文题

据上海《民国日报》一九二三年四月十八日《滇军追悼阵亡将士记》

---

① 是日，滇军在广州第一公园（今人民公园）集会，追悼在护法运动中牺牲的将士。孙中山致送的挽额、挽联，高悬祭坛中央及两侧。

挽滇军阵亡将士联

（一九二三年四月十日）

讨贼矢孤忠魂兮不朽
为谁易幸福生者勿忘

据上海《民国日报》一九二三年四月十八日《滇军追悼阵亡将士记》

为韦德题词

（一九二三年春）

现身说法

据黄季陆主编《革命人物志》第五集（台北一九七〇年十月）

为寿民钟光传题颁匾额①

(一九二三年五月三十日)

德劭年高

据大本营秘书处编《陆海军大元帅大本营公报》第十四号《大元帅指令第二一七号》(广州一九二三年六月八日)

---

① 钟光传,广东琼山县人,时年百岁。这是按大元帅府《褒扬条例》规定,为民间百岁寿星、节妇、烈妇、贞妇、贤妇以及热心社会公益事业的有功绅耆题颁颂词,同时颁发银质褒章和证书。

题某君像赞

(一九二三年五月)

明德之后　必有达人
卓哉令子　乃绍贤君
庭闱训义　乡党称仁
聿瞻仪范　允式典型

十二年五月
孙　文(印)

据中国国民党中央文化传播委员会党史馆藏一般档案060/110

为寿民陈缉承题颁①

（一九二三年六月二十日）

共和人瑞

据大本营秘书处编《陆海军大元帅大本营公报》第十七号《大元帅指令第二六九号》（广州一九二三年六月二十九日）

① 陈缉承，广东台山县海口区墼头堡浮月村村民，年登百岁，经台山县县长呈请而蒙题颁。

为邓演达题联①

（一九二三年夏）

养成乐死之志气
革去贪生之性根

    泽〔择〕生同志属

    孙　文

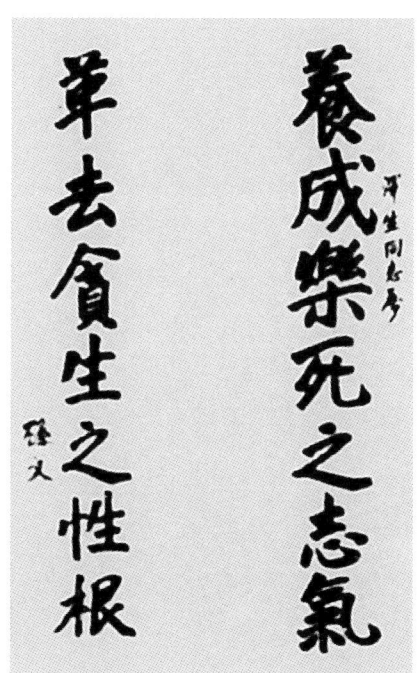

据《中山墨宝》编委会编《中山墨宝》第十卷（北京出版社一九九六年版）

---

①　邓演达（1895—1931），字择生。此件系邓演达拱卫大元帅府时，孙中山亲笔题赠，并授予少将参军职务。

为节妇王严氏题颁①

（一九二三年八月四日）

节孝可风

据大本营秘书处编《陆海军大元帅大本营公报》第二十四号《大元帅指令第三六八号》（广州一九二三年八月十七日）

---

① 王严氏，广东乐会县凤阁村村妇，因"节孝抚孤"，援例褒彰。

为航空局题词①

（一九二三年八月九日）

航空救国

孙文书（印）

据碑刻照片

---

① 航空局，孙中山亲自组设，隶属陆海军大元帅大本营，杨仙逸任局长，自行设计制造出我国第一架飞机"乐士文"号（以宋庆龄的英文名字 Rosamonde 命名）。此件系1923年8月9日孙中山偕宋庆龄到广州大沙头观看"乐士文"号试飞时所题，以之勉励航空局全体人员。

为杨仙逸题词

（一九二三年八月九日）

志在冲天

　　　　仙逸飞行家属

　　　　孙　文

据广州市博物馆藏件

为贞妇邓黎氏题颁①

（一九二三年九月一日）

贞操可风

据大本营秘书处编《陆海军大元帅大本营公报》第二十八号《大元帅指令第四三八号》（广州一九二三年九月十四日）

---

① 邓黎氏，广东高要新江都百文乡人，因"贞操守志"，而蒙题颁。同时奖给银质褒章一枚。

为庚恩荣题匾①

(一九二三年九月底前)

造福地方

据大本营秘书处编《陆海军大元帅大本营公报》第三十号《大元帅指令第二〇四八号》附件《庚恩荣原呈》(一九二三年九月二十八日)

---

① 庚恩荣,云南墨江人,陆军上将庚恩旸胞弟,时任云南巡按使署实业调查委员,因捐资兴办地方公益事业而蒙孙中山题颁。

为杨仙逸遗像题签①

(一九二三年九月底)

杨中将仙逸真容

据《民国人物小传》,载台北《传记文学》第四十四卷第五辑

---

① 1923年9月20日,杨仙逸赴东江改装水雷,不幸航轮爆炸而殉难,同时遇难的还有鱼雷局局长谢铁良、长洲要塞司令苏从山和兵士十七人。孙中山闻耗,即赴出事地点凭吊。27日颁发优恤令,追授为陆军中将。此题签置于杨仙逸遗像之上。

为寿妇郑黄氏①题颁

（一九二三年十月一日）

百龄人瑞

据大本营秘书处编《陆海军大元帅大本营公报》第三十二号《大元帅指令第四八九号》（广州一九二三年十月十二日）

---

① 郑黄氏,广东遂溪县百龄寿妇。

为国民党党员恳亲大会题词①

（一九二三年十月中旬）

革命尚未成功

同志仍须努力

孙　文(印)

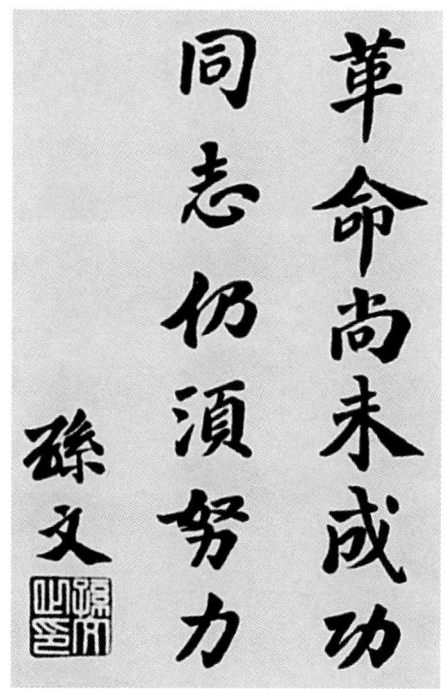

据《中国国民党周刊》第一期(广州一九二三年十一月二十五日)

---

①　"革命尚未成功,同志仍须努力"题词,流传有多种版本,而最早见诸记载的,系为国民党党员恳亲大会所题,录入《中国国民党党员恳亲大会纪事录》,随后在《中国国民党周刊》创刊号上刊发。题书时间,以往多据《中国国民党周刊》公布之日定为1923年11月25日,今据恳亲大会召开时日改定。

为《国民党党务讨论会纪事录》题签

(一九二三年十月中旬)

国民党党务讨论会纪事录

孙文题

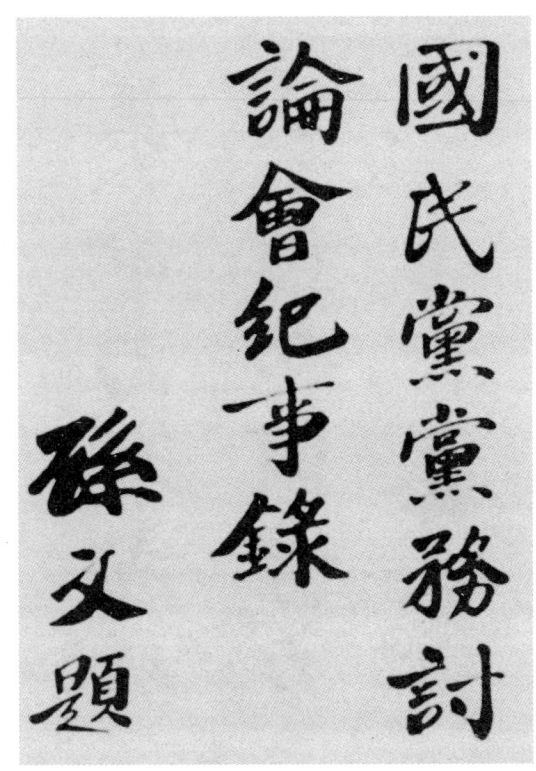

据近代中国出版社编辑委员会主编《国父图像墨迹集珍》
(台北近代中国出版社一九八四年版)

为李仲岳题颁[①]

（一九二三年十月二十六日）

取义成仁

据大本营秘书处编《陆海军大元帅大本营公报》第三十五号《大元帅指令第五五四号》（广州一九二三年十一月二日）

[①] 李仲岳，广东各界筹赈东西北三江办事处押运员，1923年10月15日在押运赈济物品途中坠水牺牲，孙中山为此题颁褒彰。

为陈式垣墓碑题词①

(一九二三年十月)

革命战争阵亡上校陈式垣之墓

孙　文

据墓碑石刻照片

---

① 陈式垣,广东遂溪人。1923年10月下旬,陈式垣所在粤军第一师抵御陈炯明叛军林虎部的进攻时,陈式垣不幸受伤逝世,年仅32岁。孙中山为表扬其功绩,追晋上校,并命建立纪念碑,亲自为墓碑题字。陈式垣后葬于广东遂溪县笔架岭顶,该墓被列为遂溪县重点文物保护单位。

悼尚天德挽额

（一九二三年十一月十日）

正气浩然

据上海《民国日报》一九二三年十一月十一日《尚镇圭君追悼会记》

为《新建设》杂志创刊号题词①

(一九二三年十一月二十日)

建设新基

孙文题

据《新建设》第一卷第一期(上海一九二三年十一月)

---

① 《新建设》杂志,月刊,第一次国共合作时期的大型理论刊物,中国国民党主办,共产党人恽代英主编。

为叶瑞烘题颁①

（一九二三年十二月六日）

急公好义

据大本营秘书处编《陆海军大元帅大本营公报》第四十号《大元帅指令第六八六号》（广州一九二三年十二月七日）

---

① 叶瑞烘，广东封开县德坊联团团总，在西江讨逆一役中，率团征战并自输家财充军饷，经大本营军政部长程潜呈报而蒙题颁。

为华侨陆运怀题颁匾额①

（一九二三年十二月十一日）

热心教育

据大本营秘书处编《陆海军大元帅大本营公报》第四十一号《大元帅指令第七一四号》（广州一九二三年十二月十四日）

① 陆运怀，新加坡华侨，为发展华侨教育事业，捐资八万，兴办吉隆坡"运怀义学校"，经大本营内务部长徐绍桢呈请而蒙题颁，同时授予金色一等褒章。

为寿妇杨欧氏①题颁

（一九二三年十二月十一日）

百年人瑞

据大本营秘书处编《陆海军大元帅大本营公报》第四十一号《大元帅指令第七一三号》（广州一九二三年十二月十四日）

---

① 杨欧氏，广东顺德县百龄寿妇。

为蒋介石母慈庵题匾(一)①

(一九二三年十二月十七日)②

慈云普荫

　　　　　　蒋母王太夫人慈庵千古

　　　　　　孙文敬题(印)

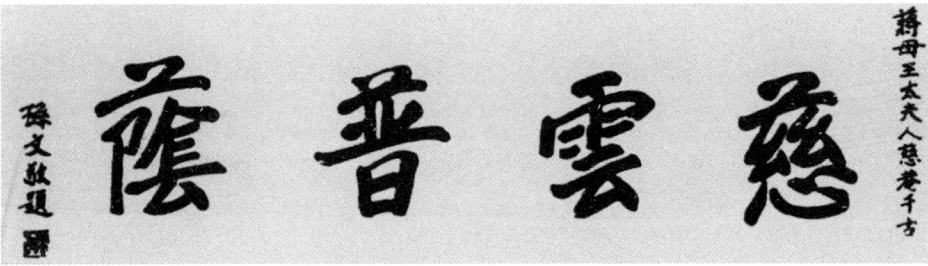

据佚名编《总理遗墨》(印行时间不详,广东省社会科学院藏)

① 慈庵,蒋母墓庐名。谭延闿题书"慈庵"二字横额,刻于门前。孙中山题匾两幅,悬挂厅堂内。
② 题书时间据慈庵落成日期标定。

为蒋介石母慈庵题匾(二)

(一九二三年十二月十七日)

为国劬劳

　　　　　蒋母王太夫人慈庵千古

　　　　　孙文敬题(印)

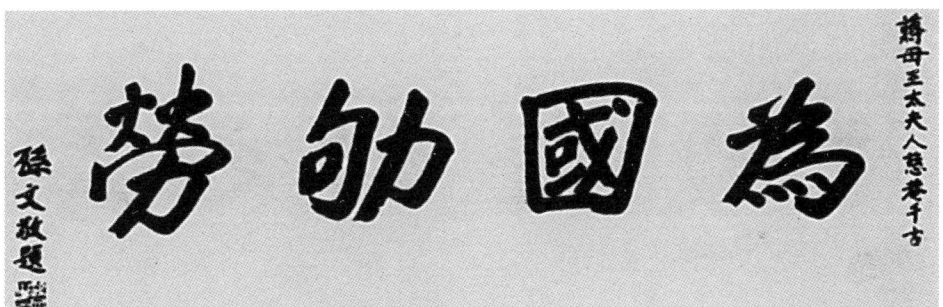

据佚名编《总理遗墨》(印行时间不详,广东省社会科学院藏)

为王羲之手迹题词①

（一九二三年十二月）

羲之妙墨

孙文题
民国十二年十二月

据马宣伟《孙中山广州轶事》，载成都《文史杂志》第四期（一九九七年十一月）

---

① 此件系为杨庶堪收藏的《王右军（羲之）墨宝神品》而题的鉴赏颂词。

为《光大》季刊题名

（一九二三年冬）

光大

孙　文

据《光大》季刊封面（总第一〇九期）（广东台山光大季刊社，一九九二年十一月）

为佐佐木到一题词

（一九二三年前后）

孔子曰：大道之行也，天下为公。

佐佐木到一先生属
孙　文（印）

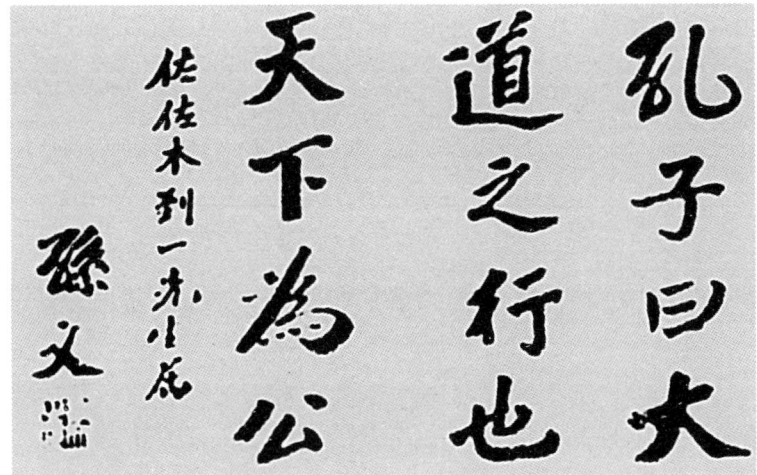

据《中山墨宝》编委会编《中山墨宝》第十卷（北京出版社一九九六年版）

为《复旦年刊》题词

（一九二三年）

努力前程

孙文题

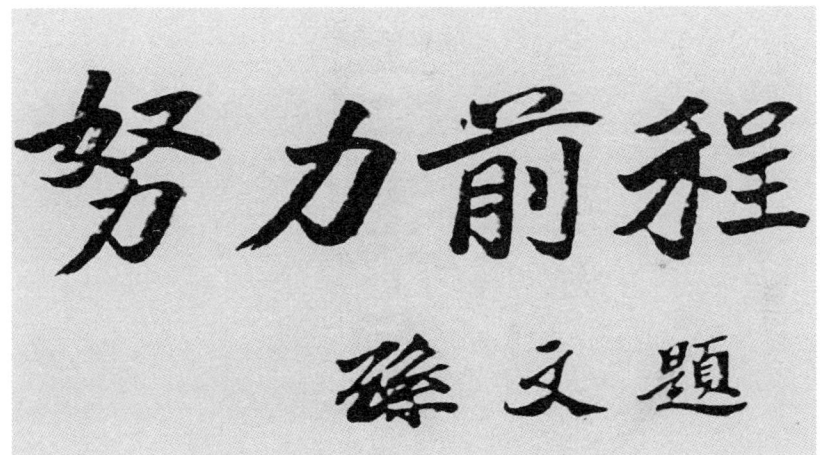

据姜义华《上海近十年孙学研究概述》，载《中山社会科学季刊》第五卷第四期（台北一九九〇年十二月）

为刘殿生寿诞题词①

（一九二三年）

百年长乐

集校官碑字　敬祝

殿生同志兄六秩晋一荣寿

孙　文（印）

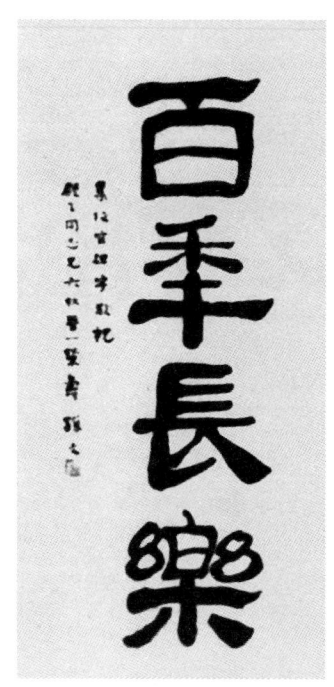

据中山市孙中山故居纪念馆藏件

① 此件系为刘殿生六十寿诞所题的贺词。1957年刘氏长子汉南将原件捐赠中山市孙中山故居纪念馆。

为华侨青年会创立题词

(一九二三年)

振民育德

孙　文(印)

据全国政协文史资料研究委员会、中国革命博物馆联合编辑《孙中山先生画册》(中国文史出版社一九八六年版)

为浦在廷食品罐头公司题词[①]

（一九二三年）

饮和食德

浦在廷兄弟食品罐头公司

孙　文

据郝盛潮主编、王耿雄等编《孙中山集外集补编》（上海人民出版社一九九四年版）

---

① 浦在廷食品罐头公司以生产宣威火腿著称，1923年荣获广州名特产品赛会优美奖章，孙中山为此题词褒奖。

为双轮牙刷公司三周年题词

（一九二三年）

振兴国货

　　　　双轮牙刷公司三周之祝

　　　　孙文题

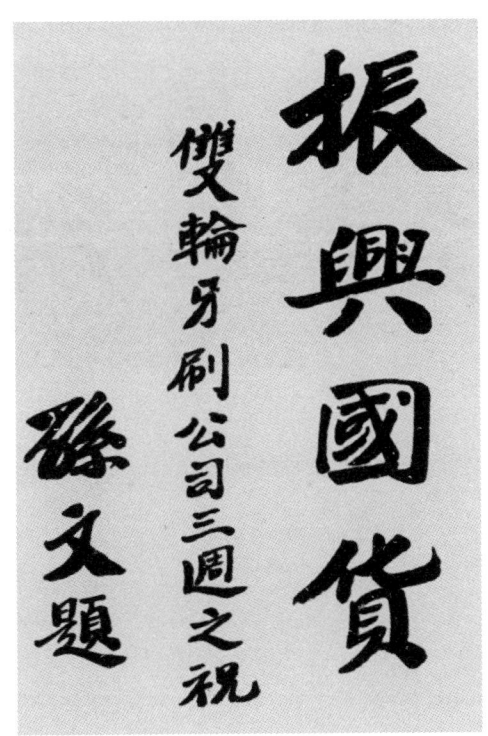

据中国国民党中央文化传播委员会党史馆藏一般档案060/76

为苏曼殊画册题签①

(一九二四年前)

曼殊遗墨

孙文题(印)

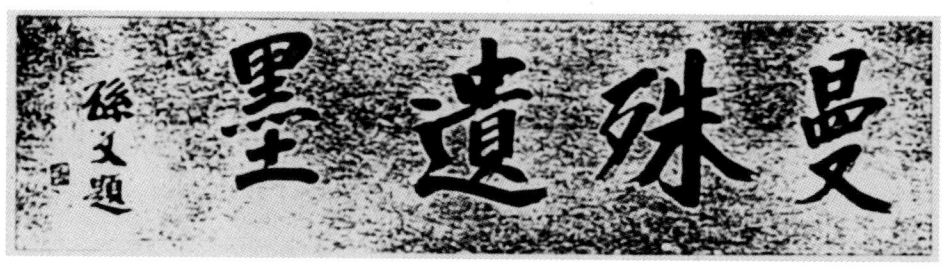

据中国人民政治协商会议珠海市委员会编《苏曼殊诞生一百周年纪念专刊》(一九八五年版)

---

① 此件系为苏曼殊绘画选集而书的题签,该画册由柳亚子选编,名《曼殊遗迹》。

为寿妇黄赵氏题颁①

（一九二四年一月十九日）

懿行可风

据大本营秘书处编《陆海军大元帅大本营公报》第三号《大元帅指令第七三号》（广州一九二四年一月三十日）

① 黄赵氏,大本营财政部科长黄乐诚生母,因"输财济物,誉遍乡间",经邓泽如等呈请而蒙褒扬。

悼杭辛斋挽词

（一九二四年一月二十六日）

忠贞谅直

据上海《民国日报》一九二四年一月二十七日《留沪议员电请褒扬杭辛斋》

悼列宁祭幛①

（一九二四年二月二十四日）

国友人师

列宁同志千古

孙文敬挽

据广东省社会科学院历史研究室、中山大学历史系孙中山研究室、广东省中山县翠亨孙中山故居编《纪念孙中山先生》画册（文物出版社一九八一年版）

---

① 1924年1月21日，列宁在莫斯科逝世。时国民党第一次全国代表大会正在广州召开，孙中山向大会提出哀悼列宁议案，宣布休会三日，下半旗致哀，同时拍发唁电。2月24日上午，广州各界五六万人在第一公园举行追悼大会，孙中山亲自主祭，发表祭文。所题"国友人师"祭幛，悬挂祭坛正中上方。

为节妇杨朱氏题颁①

（一九二四年二月二十九日）

节媲松筠

据大本营秘书处编《陆海军大元帅大本营公报》第七号
《大元帅指令第一八八号》（广州一九二四年三月十日）

---

① 杨朱氏，大本营内政部次长、禁烟督办杨西岩之母，时届八旬，经伍朝枢等呈请，以其矢节贤良而蒙题颁，并授予银质褒章。

为寿民彭才德夫妇题颁[①]

（一九二四年三月一日）

寿域同登

据大本营秘书处编《陆海军大元帅大本营公报》第七号《大元帅指令第一九一号》（广州一九二四年三月十日）

---

① 彭才德及妻韦氏，广东琼山县人，时双双年登百岁而蒙题颁。

为寿民王开清题颁[①]

（一九二四年三月十九日）

共和人瑞

据大本营秘书处编《陆海军大元帅大本营公报》第八号《大元帅指令第二六七号》（广州一九二四年三月二十日）

① 王开清，广东琼山县第八区永都图乡民，时年百岁，例合褒扬。

悼邓铿遇害二周年挽词

(一九二四年三月二十三日)

虽死犹生

据上海《民国日报》一九二四年三月二十五日《邓铿两周年纪念祭》

为上海大学《孤星报》题签

（一九二四年三月）

孤星

孙文题

据中国国民党中央文化传播委员会党史馆藏一般档案060/26

为寿妇邓苏氏①题颁

（一九二四年四月十六日）

百龄人瑞

据大本营秘书处编《陆海军大元帅大本营公报》第十一号《大元帅指令第三五六号》（广州一九二四年四月二十日）

---

① 邓苏氏，广东香山（今中山市）古镇乡寿妇。

为节妇陈钱氏①题颁

（一九二四年四月二十一日）

懿德贞型

据大本营秘书处编《陆海军大元帅大本营公报》第十二号《大元帅指令第三七六号》（广州一九二四年四月三十日）

---

① 陈钱氏，广东南海县人。守节数十年。

为《民族主义》题签

（一九二四年四月）①

民族主义

　　　　　　　孙文题著

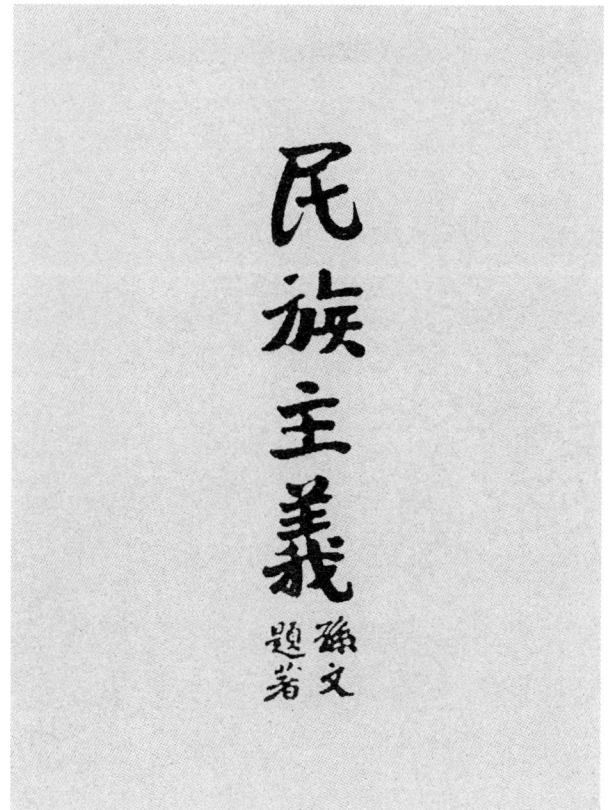

据《民族主义》封面题签(广州一九二四年四月版)

---

① 题书时间据出版日期标定。

为节妇李吴氏①题颁

(一九二四年五月十四日)

节媲松筠

据大本营秘书处编《陆海军大元帅大本营公报》第十四号《大元帅指令第四六七号》(广州一九二四年五月二十日)

① 李吴氏,广东万宁县节妇。

为节妇伍梁氏①题颁

（一九二四年五月十四日）

节孝可风

据大本营秘书处编《陆海军大元帅大本营公报》第十四号《大元帅指令第四六八号》（广州一九四年五月二十日）

---

① 伍梁氏，广东新会县人，守节58年。

为寿妇陈黄氏①题颁

（一九二四年六月十四日）

共和人瑞

据大本营秘书处编《陆海军大元帅大本营公报》第十七号《大元帅指令第五九一号》（广州一九二四年六月二十日）

---

① 陈黄氏，广东琼山县福崀里寿妇，时年百岁。

题黄埔陆军军官学校成立训词①

（一九二四年六月十六日）

　　三民主义　吾党所宗
　　以建民国　以进大同
　　咨尔多士　为民前锋
　　夙夜匪懈　主义是从
　　矢勤矢勇　必信必忠
　　一心一德　贯彻始终

　　　　　　　　　孙　文(印)
　　　　　　中华民国十三年六月十六日

据全国政协文史资料研究委员会、中国革命博物馆联合编辑《孙中山先生画册》（中国文史出版社一九八六年版）

---

① 是日，黄埔军校举行开学典礼，孙中山亲自参加并题书训词。

广东大学学生毕业典礼训词①

（一九二四年六月二十一日）

学海汪洋　毓仁作圣　大学毕业　此其发轫
植基既固　建业立名　登峰造极　有志竟成
为社会福　为邦家光　勖哉诸君　努力自强

据《广州民国日报》一九二四年六月二十三日《广大毕业纪盛》

---

① 6月21日，广东大学举行校长就职礼暨学生毕业式，孙中山题写训词，由胡汉民宣读。

悼伍廷芳逝世两周年挽联

（一九二四年六月二十三日）

革命未成功　扶植邦基思硕德
善邻应有道　绸缪国际赖贤郎

据《伍博士殉义二周年纪念》，载《中国国民党周刊》第二十七期（出版时间不详）

在广州军警团授旗礼式训词①

（一九二四年六月二十九日）

欲保民权　在实民力　民力既充　不为威劫
人心以宁　公理斯真　拨乱反正　此为上策
维军与警　卫民有责　民能自卫　更宜扶植
勖尔有众　自强不息　爰授此旗　焕如天日
军魂所系　守面弗失　捍卫闾阎　绥靖邦国
敬慎始终　无忝厥职

据《广州民国日报》一九二四年六月三十日《大元〈帅〉检阅军警团并举行授旗礼式》

① 6月29日,孙中山出席检阅广东警卫军、广州武装警察、粤省商团授旗仪式。训词由参军邓彦华宣读。

题黄埔陆军军官学校校训

（一九二四年六月）

亲爱精诚

据《中山墨宝》编委会编《中山墨宝》第十卷（北京出版社一九九六年版）

题邓铿墓[①]碣

（一九二四年六月）

邓仲元先生墓

民国十三年六月

孙文敬题

据邓仲元墓碑石刻照片

---

① 邓铿墓,位于广州黄花岗烈士陵园,在七十二烈士墓侧。

为贤妇徐李氏题颁[①]

（一九二四年七月十二日）

懿行可风

据大本营秘书处编《陆海军大元帅大本营公报》第二十号《大元帅指令第七三五号》(广州一九二四年七月二十日)

[①] 徐李氏，湖南耒阳县人，中央直辖第一军六旅十一团营长兼教导团教官徐桂芳之母，因教子有方而蒙题颁。

为节妇李沈氏题颁①

（一九二四年七月二十四日）

节励松筠

据大本营秘书处编《陆海军大元帅大本营公报》第二十一号《大元帅指令第七九九号》（广州一九二四年七月三十日）

① 李沈氏，滇军第二师团长李春华之母，经该师师长廖行超呈请而获褒扬。

题　　词

（一九二四年七月）

协力救国

据刘望龄辑注《孙中山题词遗墨汇编》（华中师范大学出版社二〇〇〇年版）

为广州石牌乡乡团题颁①

（一九二四年七月）

为国杀贼

　　　　　石牌乡乡团

　　　　　孙文题（印）

　　　　　中华民国十三年七月

据《广州民国日报》一九二四年八月七日《大元帅奖励义民》。

---

① 1922年，陈炯明叛变，广州东郊石牌乡、龙眼洞乡乡团积极参与讨伐，孙中山特题词表彰。1924年8月6日，制成朱地金字匾额，正式颁发，同时奖励"花红金"百元和"美酒金猪"食品。

悼巴富罗夫挽额[1]

(一九二四年八月四日)

急邻之难

据《广州民国日报》一九二四年八月七日《补述军校追悼会详情》

---

[1] 是日,黄埔军校举行巴富罗夫将军追悼大会,同时追悼军校病故学员吴秉礼、毛宜二人,孙中山题词相挽。

悼黄埔军校学生吴秉礼毛宜挽额

（一九二四年八月四日）

遗恨如何

据《广州民国日报》一九二四年八月七日《补述军校追悼会详情》

为广州龙眼洞乡乡团题颁

（一九二四年八月六日）

保卫桑梓

据《广州民国日报》一九二四年八月七日《大元帅奖励义民》

为贤妇刘王氏题颂①

（一九二四年八月十三日）

懿行可风

据大本营秘书处编《陆海军大元帅大本营公报》第二十三号《大元帅指令第九一二号》（广州一九二四年八月二十日）

① 刘王氏，滇军警卫第二团团长刘廷珍之祖母，经滇军总司令杨希闵呈请而蒙褒扬。

为《民权主义》题签

（一九二四年八月）

民权主义

孙文题著

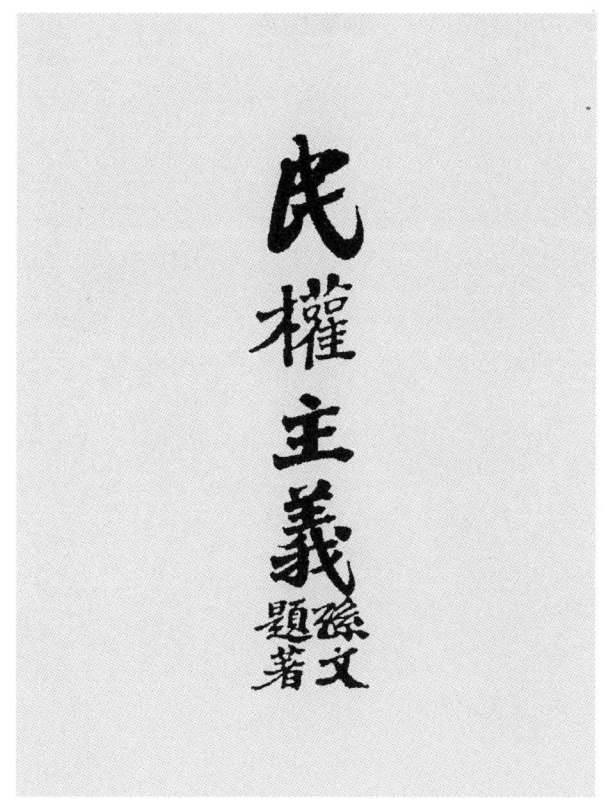

据《民权主义》封面题签（广州一九二四年八月版）

为耆绅李曜蓉题颁①

（一九二四年九月一日）

硕德纯行

据大本营秘书处编《陆海军大元帅大本营公报》第二十五号《大元帅指令第九八〇号》（广州一九二四年九月十日）

---

① 李曜蓉，广东新会耆绅，因损资修筑家乡堤堰而获孙中山题颁。

为节妇陈符氏①题颁

(一九二四年九月一日)

懿德贞型

据大本营秘书处编《陆海军大元帅大本营公报》第二十五号《大元帅指令第九八二号》(广州一九二四年九月十日)

---

① 陈符氏,广东文昌县(今属海南省)东二区豹山村人。

挽彭素民联

(一九二四年九月十四日)①

吾党惜斯人　应有注海倾江泪
廿年共患难　未遂乘风破浪心

据《故常务委员彭素民追悼大会记》,载《中国国民党周刊》第三十九期(广州一九二四年九月二十一日)

① 原件未标署时间,据追悼会日期酌定。

在检阅工农团军举行授旗时致训词

(一九二四年九月二十六日)

勉励团军奋勇杀敌　拥护革命政府

据《广州民国日报》一九二四年十一月九日《大元帅北征记》

题词①

(一九二四年十月九日)②

今后之革命非以俄为师断无成就

孙　文

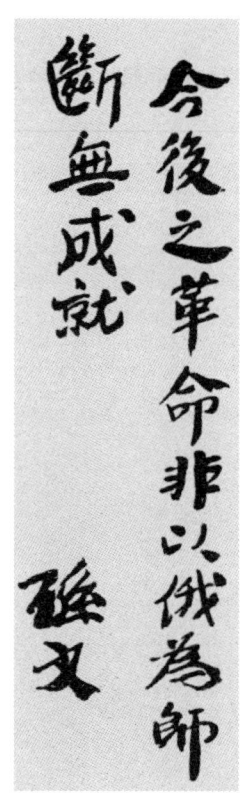

据全国政协文史资料研究委员会、中国革命博物馆联合编辑《孙中山先生画册》(中国文史出版社一九八六年版)

① 此件系从孙中山《致蒋中正函》中抽出,制成条幅,并非单独题词。
② 所标时间系致函日期。

为烈妇庾常氏题颁①

（一九二四年十月二十五日）

芬烈长存

据大本营秘书处编《陆海军大元帅大本营公报》第三十号《大元帅指令第二〇四八号》（广州一九二四年十月三十日）

① 庾常氏，陆军上将庾恩旸的祖母。以"青年丧夫，仰药殉节"而蒙孙中山追颁。

为修改《演说集》题注①

（一九二四年秋）

演说

待修改

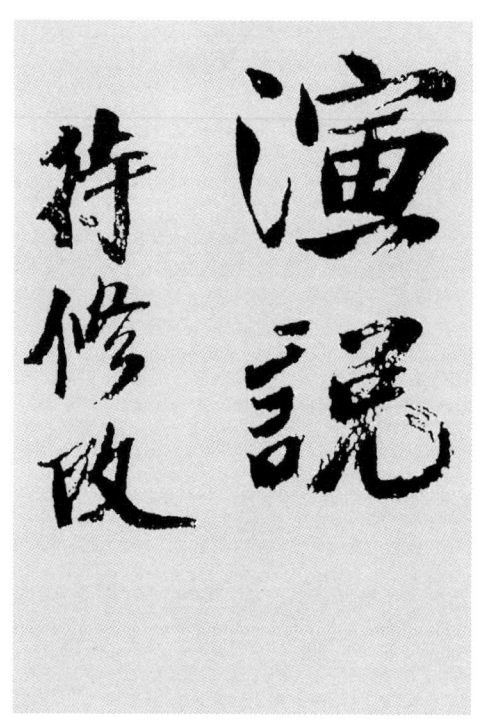

据黄昌谷编《孙中山先生演说集》（上海民智书局一九二六年版）

---

① 1924年秋，大本营秘书黄昌谷汇集个人笔记之孙中山演讲稿三十七篇、谈话稿三篇，提交孙中山编次付梓，孙谕示："有错误，须修改"，并在书稿纸包上题书"演说 待修改"五字，留待修订。冬，孙中山北上，携稿同行，不料一病不起，未及修改而逝。1926年，经黄昌谷整理出版，将此遗墨影印于《孙中山先生演说集》篇首。

为温尼辟①分部题词

（一九二四年秋冬间）②

进行不怠

　　　　国民党五周庆祝

　　　　孙文题（印）

据《中国国民党在海外一百年》影印件（台北一九九四年版）

---

① 温尼辟（Winnipeg, Canada），今译温尼伯，加拿大南部一城市。
② 原件未标署时间，按1914年后，革命党发生分裂，中华革命党、国民党的名号在各地混同使用，护国运动后，革命党重新统一，遂于1919年10月统一改称"中国国民党"。据此推算，"五周庆祝"当系1924年，故以此酌定。

为寿妇董姚氏①题颁

（一九二四年十一月四日）

共和人瑞

据大本营秘书处编《陆海军大元帅大本营公报》第三十号《大元帅指令第二〇六四号》（广州一九二四年十月三十日）

① 董姚氏，滇军三等军需正董继昌之祖母，时年99岁。

题广东大学校训

(一九二四年十一月十一日)

博学
审问
慎思
明辨
笃行

国立广东大学成立训词
中华民国十三年十一月
孙　文

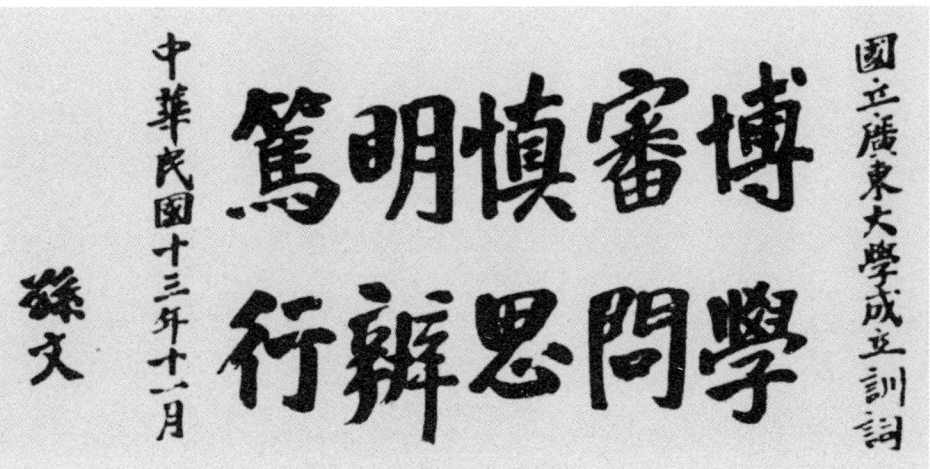

据《广州民国日报》一九二四年十一月十三日《国立广东大学成立典礼之第一日》

附录　同题异文①

博学之
审问之
慎思之
明辨之
笃行之

据广州石牌大石山孙中山题词石刻

---

① 此件系1934年秋由广东大学、中山大学校长邹鲁书刻立石于中山大学新址石牌大石山。邹鲁题跋谓："本校成立时，总理曾以《四书》语'博学之，审问之，慎思之，明辨之，笃行之'贻本校。今当新校舍落成，照书其文，用志遗教。"

为节妇张俞淑华题颁[①]

（一九二四年十一月十五日）

节孝仁慈

据大本营秘书处编《陆海军大元帅大本营公报》第三十二号《大元帅指令第二一一〇号》（广州一九二四年十一月二十日）

---

① 张俞淑华，广东番禺县捕属张泽棠之妻，夫死守节23年，经汪精卫、胡汉民呈报而蒙褒扬。

为万益公司题颁①

（一九二四年十一月十八日）

急公好义

据《广州民国日报》一九二四年十一月十八日《帅令嘉奖万益公司》

---

① 该公司因报效军费 37000 元而蒙题颁并传谕嘉奖。

为亚细亚复兴会题签①

（一九二四年十一月三十日）

亚细亚复兴会

孙　文

亚細亞復興會　孫文

据日本极东新信社编《北京周报》第一五三号（北京一九二五年三月十五日）

---

① 亚细亚复兴会，1924年山田纯三郎等发起筹建，得到孙中山的支持。此件系孙中山在神户为亚细亚复兴会题签，赠与山田纯三郎。

为《民生主义》题签

（一九二四年十二月）①

民生主义

孙文题著

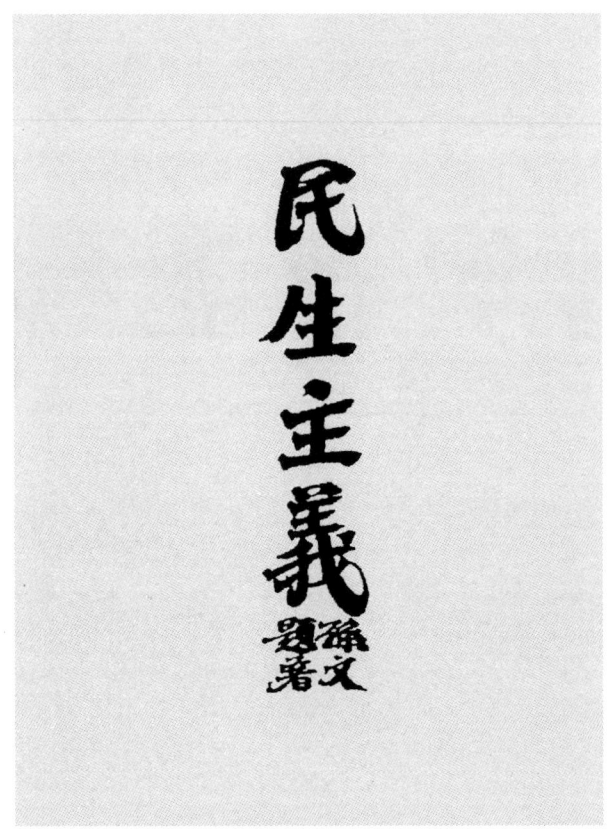

据《民生主义》封面题签（广州一九二四年十二月版）

---

① 题书时间据出版年月标署。

题梁国一墓碑①

（一九二四年）

梁国一先生之墓

据《梁国一殉国记》，载杜元载主编《革命人物志》第九集（台北一九七二年六月）

---

① 梁墓在广州黄花岗。

为邓彦华①题联

(一九二四年)

养成乐死之志气
革去贪生之性根

       铸雄同志属

       孙　文(印)

据北京《团结报》一九五九年十一月十二日彭之《中山先生写的对联》

---

① 邓彦华(1893—1942),广东三水人,时任大元帅大本营卫士队队长。

为巴达维亚华侨书报社题签

(一九二四年)

华侨书报社

民国十三年

孙文题

据《中山墨宝》编委会编《中山墨宝》第十卷(北京出版社一九九六年版)

为《三民主义》《五权宪法》题签

(一九二四年)

民族主义　民生主义
三民主义　　三　五　　五权宪法
民权主义　建国方略

据秦孝仪主编《国父全集》第一册(台北近代中国出版社一九八九年版)

题杨仙逸墓碣①

（一九二四年）

杨仙逸先生墓

民国十三年

孙文敬题

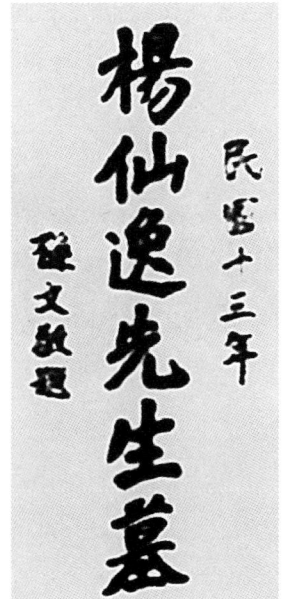

据杨仙逸墓碑石刻照片

---

① 杨仙逸墓在广州三望岗，位于黄花岗七十二烈士墓东侧。1927年迁葬故里中山县蟛蜞山（今业马岭公园）。三望岗墓仍保存，成衣冠冢。

为朱卓文母寿庆题贺

(一九二四年)

教子有方

朱陈太夫人鉴

孙　文(印)

据中山市孙中山故居纪念馆藏件

为寿民李能昭题颁[①]

（一九二五年一月二十日）

共和人瑞

据大本营秘书处编《陆海军大元帅大本营公报》第二号
《大元帅指令第六十二号》（广州一九二五年一月二十日）

---

① 李能昭，广东澄迈县第九区罗驿村寿民，年登百岁，例合褒扬。

为长沙湘雅医科大学毕业同学题词①

(一九二五年一月至二月间)②

学成致用

湘雅医科大学第五届毕业纪念
孙文题(印)

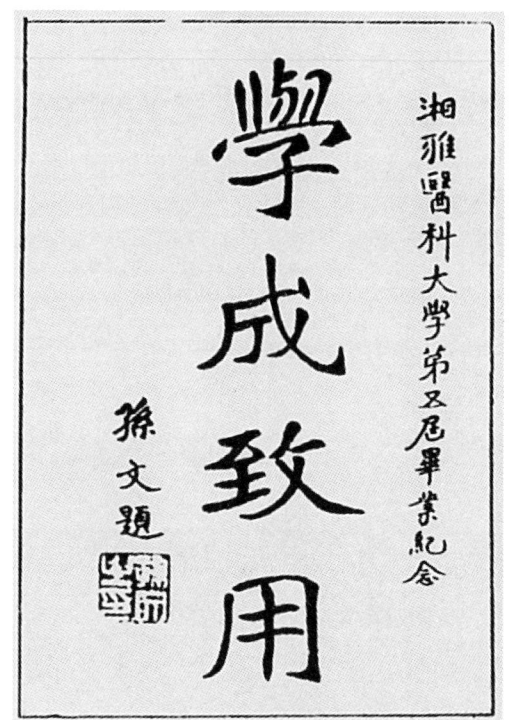

据《湘雅》杂志第二期(长沙一九二五年六月)

---

① 此件系1925年孙中山在北京协和医院住院治疗期间,应湘雅医科大学在协和临床实习学生李振翩等之请而题写的勉词。

② 原件未标署时间,据记载,孙中山于1月26日入院,2月18日出院,题词书于其间的某一天,故酌定为1月至2月间。

为玉田书《礼运·大同篇》①

　　大道之行也　天下为公　选贤与能　讲信修睦　故人不独亲其亲　不独子其子　使老有所终　壮有所用　幼有所长　矜寡孤独废疾者皆有所养　男有分　女有归　货恶其弃于地也　不必藏于己　力恶其不出于身也　不必为己　是谋闭而不兴　盗窃乱贼而不作　故外户而不闭　是谓大同

为

玉田参议书

孙　文（印）

---

① 原件左下角有张人杰题识："孙先生遗墨　十五年三月十三日张人杰敬题"等字样。原件精装盛于一长条绫盒内，盒面上书："孙中山先生书礼运篇　弘一斋藏　王禔题"。此件所书时间不详。今凡时间不详者均未标注日期，一并收录。下同。

大道之行也天下為公選賢與能講信修睦故人不獨親其親不獨子其子使老有所終壯有所用幼有所長矜寡孤獨廢疾者皆有所養男有分女有歸貨惡其棄於地也不必藏於己力惡其不出於身也不必為己是謀閉而不興盜竊亂賊而不作故外戶而不閉是謂大同

玉田參議書　　孫文

孫先生遺墨　十五年三月十二日張人傑敬題

据广东省博物馆藏件

为某君题词①

大道之行也　天下为公

孙　文(印)

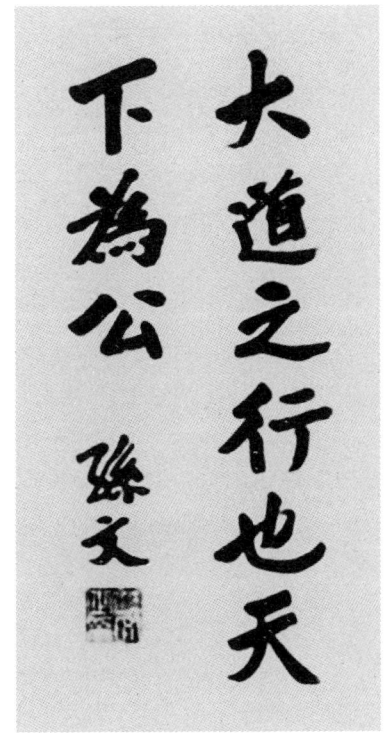

据中国国家博物馆藏件

---

① 原件上有廖仲恺题词,文云:"龙门,鱼之难也;太竹,牛之难也;以德报怨,人之难也。仲恺(印)"。

为田中题词①

大道之行也　天下为公

　　　　　　　田中先生

　　　　　　　孙　文

据有邻堂株式会社、北京大学图书馆编《〈孙文与横滨〉展》(一九八九年日文版)

---

① 原件现由田中家人田中重英收藏。

题　　词

世界大同

孙文题

据[日]大束敬《孙文的题字》,载孙文研究会会刊《孙文研究》第十一期(一九九〇年五月)

题　　词

公天下

据[日]大束敬《孙文的题字》,载孙文研究会会刊《孙文研究》第十一期(一九九〇年五月)

为晋明题词[①]

博爱

知之惟艰　行之非艰

天下为公

　　　　　　　晋明先生属

　　　　　　　孙　文（印）

据中国国民党中央文化传播委员会党史馆藏一般档案060/54

[①] 此件由他人代笔。

题赠二西田耕一词

博爱同仁

养稼先生正

孙　文（印）

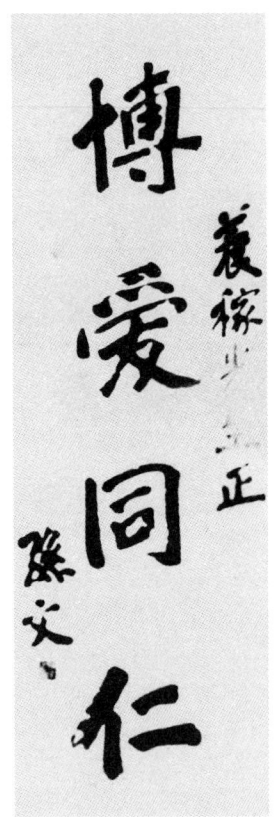

据刘望龄辑注《孙中山题词遗墨汇编》（华中师范大学出版社二〇〇〇年版）（转录日本狭间直树先生提供原件照片）

题　　词[①]

自由平等

据日本孙文研究会编《孙中山纪念馆展示准备资料·文献目录》(一九八四年十一月十二日)

[①] 原件由前神户市长胜田银次郎保存。

题　词

爱
　　文

据《中山墨宝》编委会编《中山墨宝》第十卷（北京出版社一九九六年版）

题　　词

道

孙　文(印)

据《中山墨宝》编委会编《中山墨宝》第十卷(北京出版社一九九六年版)

题　　词

大道

孙　文

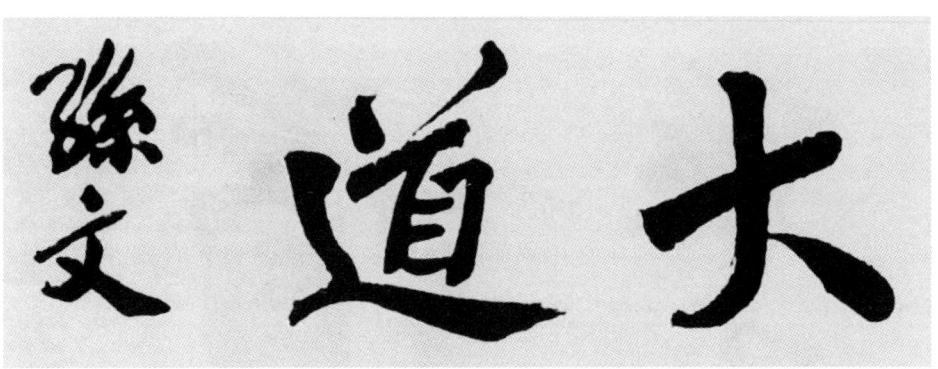

据《中山墨宝》编委会编《中山墨宝》第十卷(北京出版社一九九六年版)

为马湘题词

共和

　　吉堂先生属

　　孙　文(印)

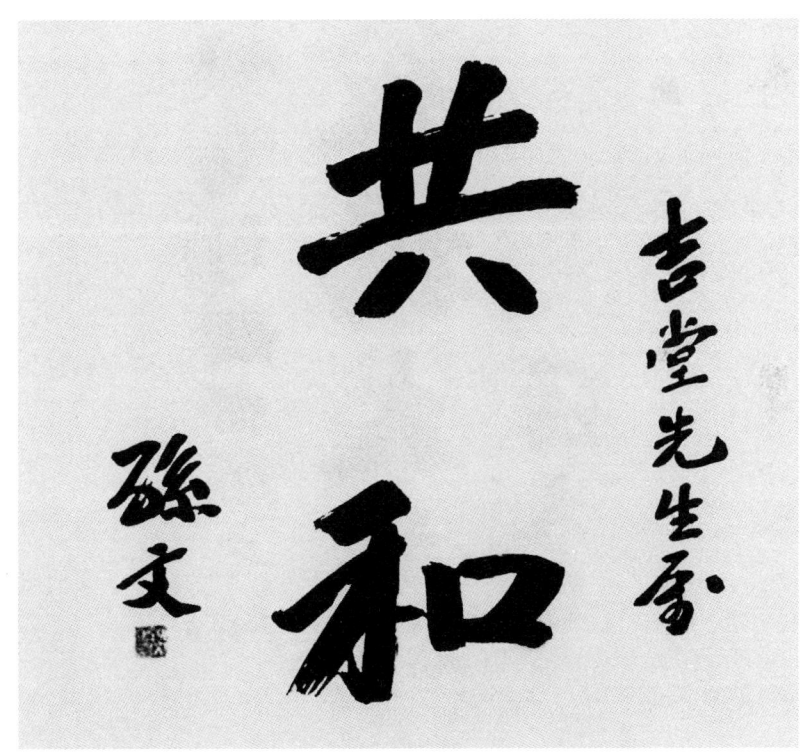

据中国国家博物馆藏件

为《晦鸣旬刊》出版题词

发扬大义

　　　　晦鸣旬刊出版之祝
　　　　孙文题

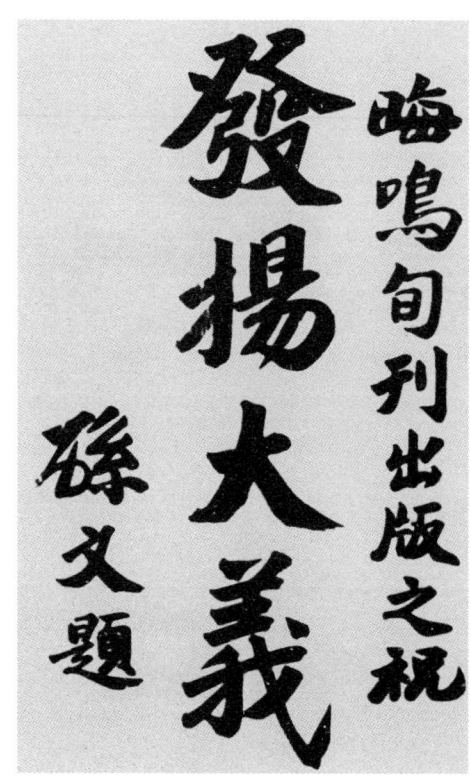

据中国国民党中央文化传播委员会党史馆藏一般档案060/31

为日本总持寺题词①

大观

孙　文(印)

据有邻堂株式会社、北京大学图书馆编《〈孙文与横滨〉展》(一九八九年日文版)

---

① 总持寺,东京鹤见旅馆名,孙中山常在此住宿。原件现由总持寺保存。

题　联

有道德始有国家
有道德始成世界

　　　　　　　孙　文(印)

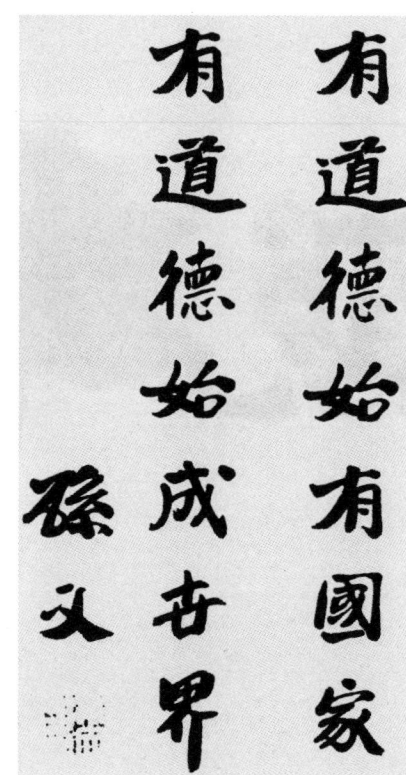

据《中山墨宝》编委会编《中山墨宝》第十卷(北京出版社一九九六年版)

为李蟠题词

知难行易

仙根先生

孙　文

据中国国家博物馆藏件

为刘纪文题词

知难行易

纪文先生属

孙　文

据《中山墨宝》编委会编《中山墨宝》第十卷(北京出版社一九九六年版)

为萧萱题词

致虚守静

纫秋先生属

孙　文（印）

据中国国家博物馆藏件

为佐佐题词

明德亲民

    佐佐先生
     孙 文(印)

据中国国家博物馆藏件

为田中题词

成功

田中先生属

孙　文

据刘望龄辑注《孙中山题词遗墨汇编》(华中师范大学出版社二〇〇〇年版)

为许崇智题词

夫天下之事　其不如人意者固十常八九　总在能坚忍耐烦　劳怨不避乃能期于有成

汝为同志属
孙　文(印)

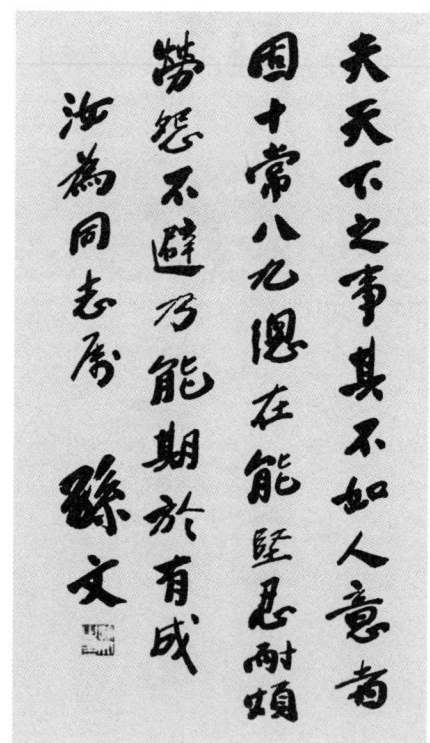

据中国国家博物馆藏件

为国民党坎城分部题词

协力图强

坎城分部

孙 文(印)

据胡去非编纂《总理事略》(台湾商务印书馆股份有限公司一九七一年版)

为国民党驻墨支部成立题词

三民主义

集华山碑字题
驻墨支部成立记
孙　文

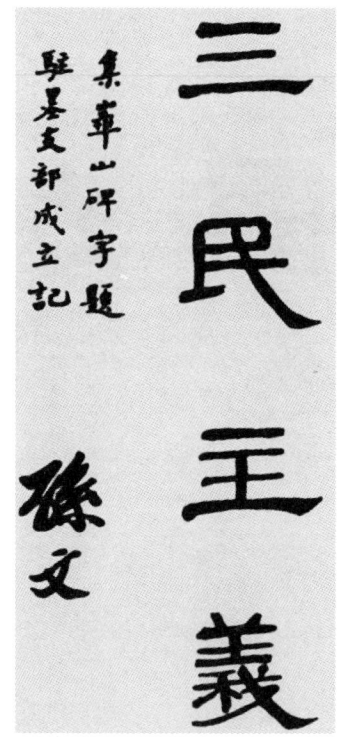

据中国国民党中央文化传播委员会党史馆藏一般档案 060/77

为启贤学校题词

继往开来

孙　文(印)

据刘望龄辑注《孙中山题词遗墨汇编》(华中师范大学出版社二〇〇〇年版)

为日本成女学园高等学校题词[①]

坤道神女

据日本《中国语》杂志一九九〇年第三期(总第三六三期)
(大修馆书店出版)

[①] 成女学园,在今日本东京新宿区富久町七番三十号。20世纪初为培养中国留日女学生而设,宋教仁曾担任该校教席。

为宫崎寅藏题联

白虹贯日
紫气滔天

据梁石、梁栋主编《中国对联宝典》(下册)(中国文联出版公司一九九四年版)

为二西田耕一题词

辅车相依

　　　　养稼先生

　　　　孙　文(印)

据刘望龄辑注《孙中山题词遗墨汇编》(华中师范大学出版社二〇〇〇年版)(转录日本狭间直树先生提供原件照片)

为井上足彦题词

海不扬波

井上先生属

孙　文

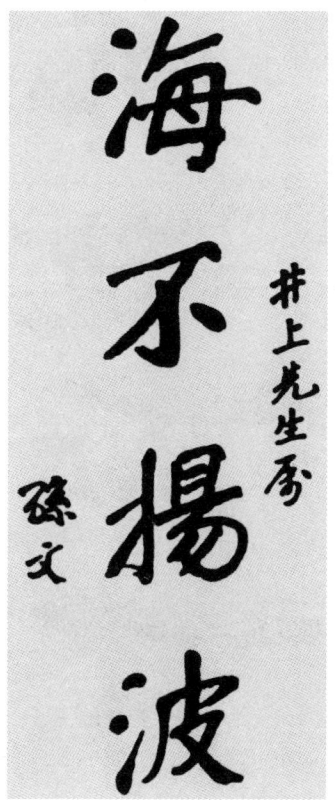

据《中山墨宝》编委会编《中山墨宝》第十卷（北京出版社一九九六年版）

为秋山定辅题词①

允执厥中

孙　文

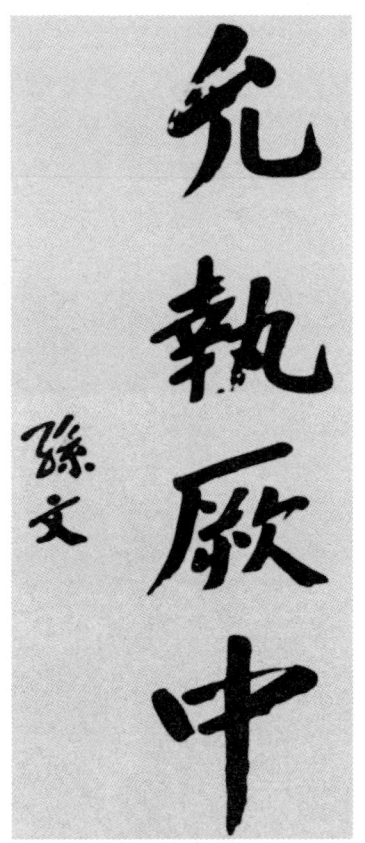

据刘望龄辑注《孙中山题词遗墨汇编》(华中师范大学出版社二〇〇〇年版)

---

① 据辛焞《孙中山和日本人士》记载,此件系孙中山为秋山定辅的题词。

题　　词

入智之门

孙文题

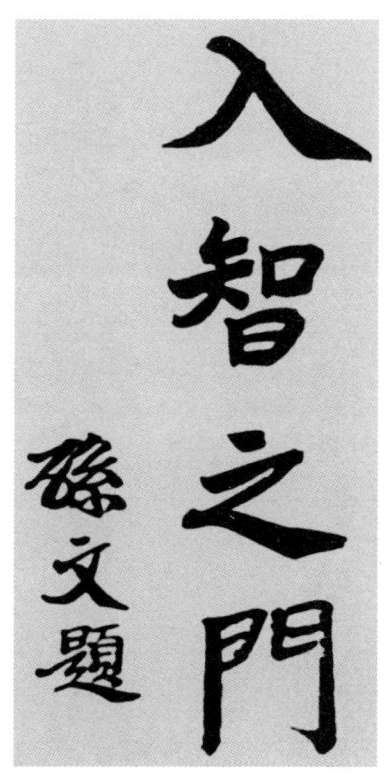

据近代中国出版社编辑委员会主编《国父图像墨迹集珍》（台北近代中国出版社一九八四年版）

题　　词

画虎不成

孙文题(印)

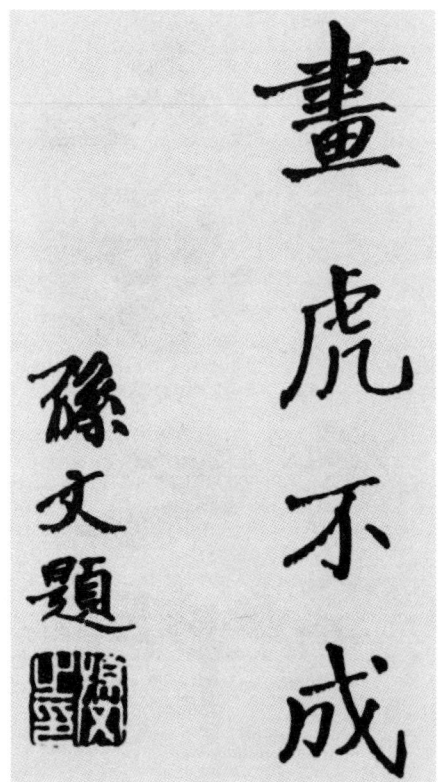

据佚名编《总理遗墨》(印行时间不详,广东省社会科学院藏)

题　　联

愿乘风破万里浪
甘面壁读十年书

据梁石、梁栋主编《中国对联宝典》(下卷)(中国文联出版公司一九九四年版)

题　　联

莫嫌老圃秋容淡
最爱黄花晚节香

据梁石、梁栋主编《中国对联宝典》(下卷)(中国文联出版公司一九九四年版)

为《光华日报》题词

光被四表

光华报鉴

孙文祝

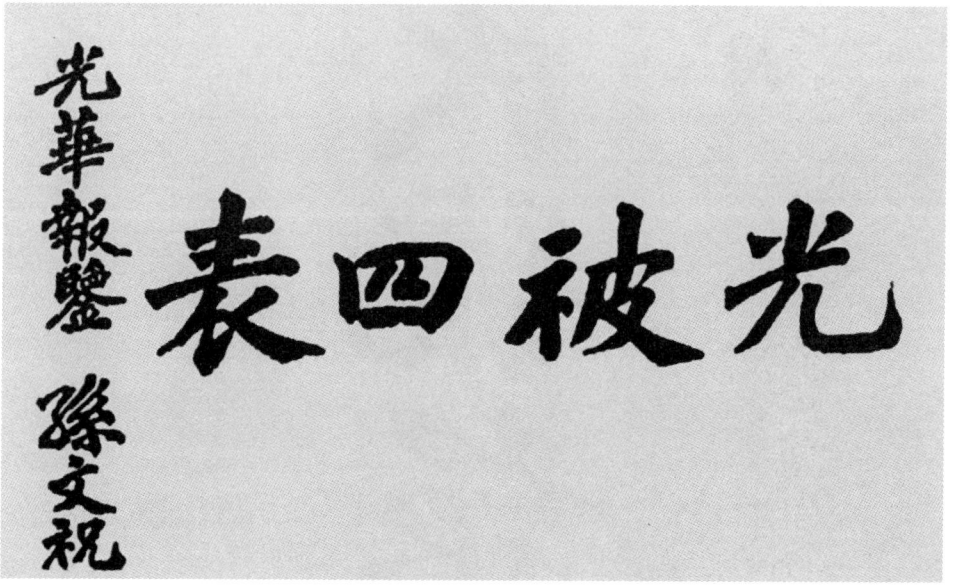

据《中国国民党在海外一百年》（台北一九九四年版）

为《民号报》封面题签

民号报

孙　文(印)

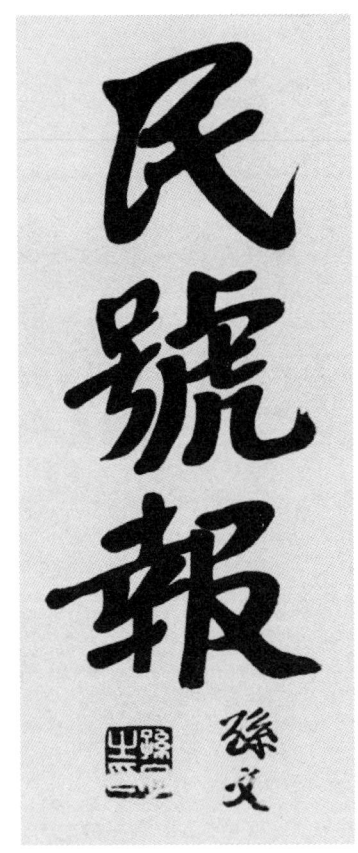

据中国国民党中央文化传播委员会党史馆藏一般档案 060/37

为何侠母陶陶亭题签

陶陶亭

孙　文(印)

据中国国民党中央文化传播委员会党史馆藏一般档案类060/62

为占胜阁题签

占胜阁

孙　文（印）

据中国国民党中央文化传播委员会党史馆藏一般档案060/120

为诵盘题词

是医国手

诵盘先生

孙　文

据《中山墨宝》编委会编《中山墨宝》第十卷(北京出版社一九九六年版)

为梅母何太夫人七七荣庆题贺

寿

梅母何太夫人七十七秩荣庆

孙文敬祝

据中国国民党中央文化传播委员会党史馆藏一般档案060/68

为李宝祥寿庆题贺①

福寿

叔琼先生

孙　文（印）

据南海县博物馆藏件

---

① 李宝祥，字叔琼，1918年任广东南海县副县长。此件在居民家中发现，由南海县博物馆收藏。

为张母武太夫人七秩寿诞题祝

艰贞永年

　　张母武太夫人七旬大庆

　　孙　文

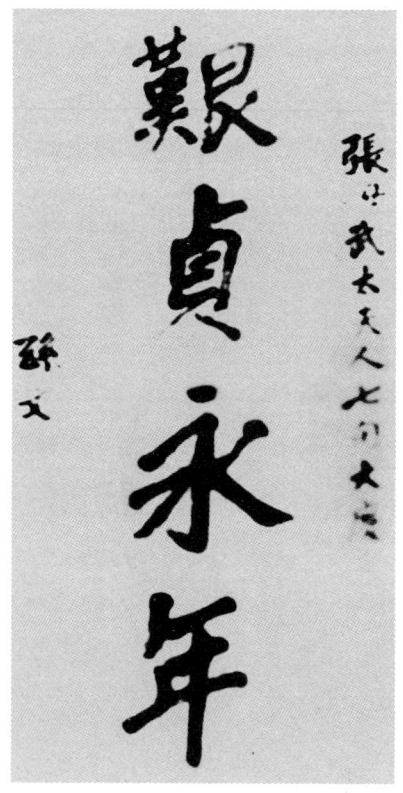

据中国国民党中央文化传播委员会党史馆藏一般档案060/43

题　词

百志惟熙

　　孙　文

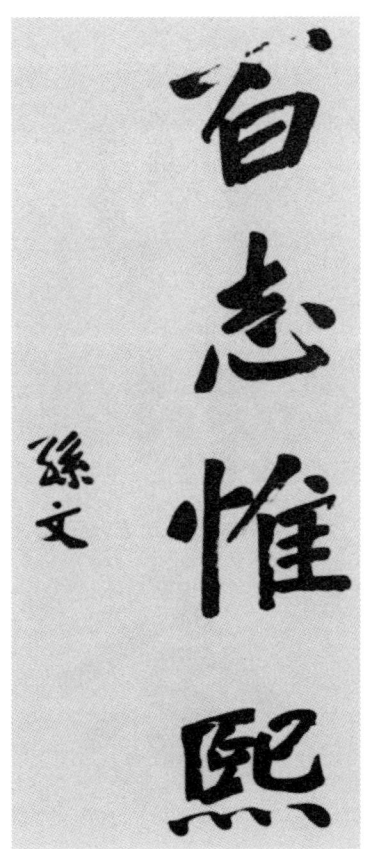

据刘望龄辑注《孙中山题词遗墨汇编》（华中师范大学出版社二〇〇〇年版）

题　　词

功德念

　　　　孙　文(印)

据中国国民党中央文化传播委员会党史馆藏一般档案060/61

悼龚自沆[①]挽额

义烈可风

    汇初同志千古

    孙文题（印）

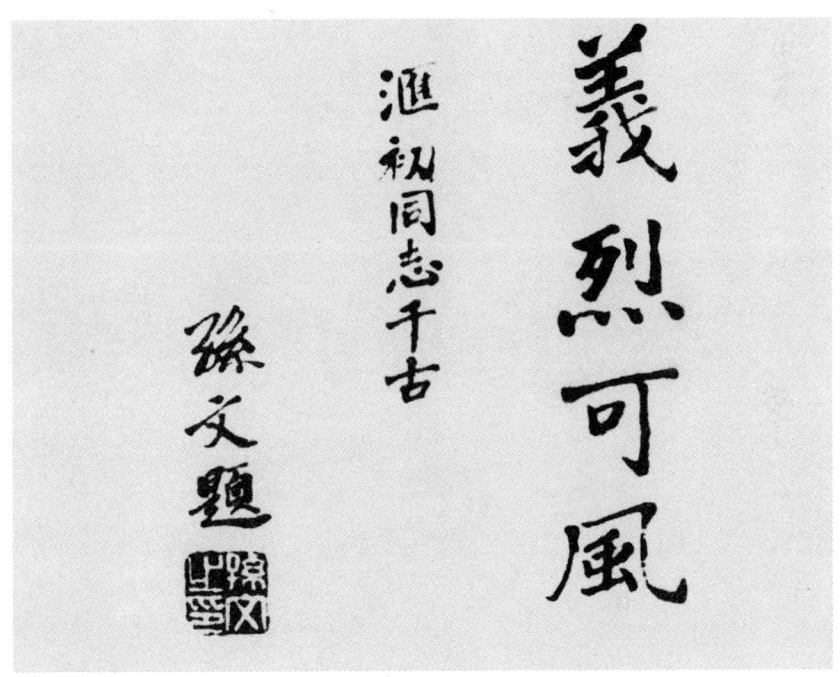

    据中国国民党中央文化传播委员会党史馆藏一般档案060/44

[①] 龚自沆（1879—1913），字雁初，又名钝伯。曾与汪精卫等谋划暗杀载沣，事泄后回江西。1911年武昌起义后，任江西军政府参谋；1913年二次革命时，任湖口要塞总司令部秘书厅秘书长。1913年11月23日，在南昌被害。

为陈模题碑

舍身为群

据《陈模传》,载《福建三烈士传》(一九三五年印本)

题周淡游余建光追悼大会纪念信片

追悼大会纪念

孙文题

据中国国民党中央文化传播委员会党史馆藏一般档案 060/29

题吴樾等九烈士墓碑

烈士周正峰之墓

烈士张星五之墓

烈士李朝栋之墓

烈士张劲夫之墓

烈士吴　樾之墓

烈士范传甲之墓

烈士薛　哲之墓

烈士胡文彬之墓

烈士刘志贤之墓

孙文题

据中国国民党中央文化传播委员会党史馆藏一般档案 060/45

为五烈士墓碑记题签

五烈士墓碑记

孙文题

据中国国民党中央文化传播委员会党史馆藏一般档案 060/35

题李烈士碑

李烈士碑

孙文题

据中国国民党中央文化传播委员会党史馆藏一般档案 060/34

题许崇仪墓碑[①]

端伯之墓

孙　文

据潘岩《我岳丈许崇智有关之二三事》，载中国人民政治协商会议广东省广州市委员会文史资料研究委员会编《广州文史资料》第二十八辑（广东人民出版社一九八三年版）

[①] 许崇仪，字端伯，许崇智胞兄。原葬于广州动物公园内，现已迁葬。孙中山题书墓碑并墓铭一篇，刻石立于墓前。

题　　词

老年长乐有童心

　　　　孙　文

据广东文物编印会编《广东文物特辑》(香港中国文艺推进社一九四九年版)

为团益公会题词①

苦口婆心

孙　文

据杨悦生《孙中山的医德与医术》,载中山市孙中山研究会编《中山市孙中山研究会会讯》第四十二期(一九九九年七月九日)

---

① 团益公会,孙中山故乡香山县的慈善医疗机构。孙中山赠此题词鼓励团益公会要有决心、耐心、细心推广西法接生。

为熊希龄题词

热诚毅力

　　　　希龄先生属

　　　　孙　文

据黄健敏《孙中山题词遗墨研究三题》,载《国立国父纪念馆馆刊》二〇〇二年第九期(转抄录《澳门日报》副总编辑陈树荣藏原件)

三宝雁学校成立祝词

吾党主义　是曰三民
揭橥理则　地义天经
敷为教育　本正源清
勖哉诸子　竭蹶陶成

孙　文

据中国国民党中央文化传播委员会党史馆藏环龙路档案08899

孟米[①]分部开幕训词

十月十日　民国始基
贵部开幕　亦及斯期
缔造艰难　念兹在兹
三民主义　誓守毋渝
厉阶为梗　芟之夷之
与民虑始　尚勖肩仔
　　　　　　　　孙　文

据中国国民党中央文化传播委员会党史馆藏环龙路档案08858

---

① 孟米,今译孟买。